自分もまわりも
うまくいく!

公務員女子のおしごと帳

村川 美詠
murakawa mie

学陽書房

はじめに

　この本を手に取ったあなたは、もしかしたら仕事に心細さや疲れ、不安を感じ、なんとかしたいと思っている方かもしれません。あれもこれもやりたいことが多すぎて、どれも中途半端になり困っている方かもしれません。人間関係や職場の切り盛りに悩んで自信をなくし、仕事を続けるか迷っている方かもしれません。

　この本は、そんな悩める公務員女子のために、どうすれば楽しく仕事ができるのか、まわりとうまくやっていけるのか、自分の元気な気持ちを保つにはどうしたらいいのか……などなど、これまで私が学んできたこと、工夫してきたことを伝えたいと思って書きました。私は今流行りのスーパー公務員ではありません。スゴい人が書いた本だと「それはスゴい人だからできることで私には無理」となってしまいますので、普通のおばちゃん公務員である私が書きました。コンセプトは「村木さん（元厚生労働事務次官）にはなれないけど、村川さんならなれるかも」です。（笑）

　私が諫早市役所に採用されたのは、昭和61年、男女雇用機会均等法が施行された年です。あれから30年以上が経過し、女性が働きやすい制度や環境は整えられましたが、役所はまだまだ男性中心の組織です。女性であるがゆえに、働きづらさや生きづらさを感じる場面は多々あります。私も男性優位の価値観の中で、なかなか自己肯定感や自信がもてず、モヤモヤした気持ちを抱えながら、それでも前にすすまなければならない、そう思って生きてきました。

私たちの世代には、メンターと呼べる女性の先輩が少なく、悩み事を相談できる存在がいませんでした。今でも、規模が小さい自治体ではそうかもしれません。そして、そんな女性公務員の悩みに答えてくれる本もありませんでした。

何のために、こんな本を書こうと思ったのか。それは、一人で悩んで心が壊れたり、辞めてしまう女性職員を減らしたいからです。住民の半分は女性なのですから、女性の意見や考えを施策に反映させるために、女性職員にはもっと活躍してほしいと思うからです。

元気な女性職員が増えれば役所が元気になる。役所が元気になればまちが元気になる。それが私の想いです。

2019年10月

村川美詠

目次

2章

自分もまわりもうまくいく！

しなやかコミュニケーション術

3章
自分もまわりもラクにする！ さくさく時短仕事術

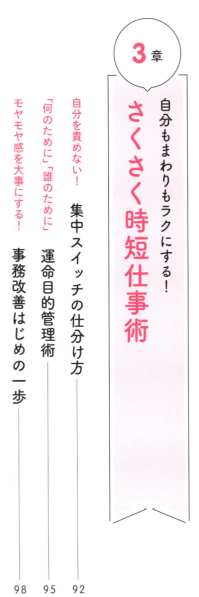

4章
自分もまわりも納得&協力する！
にこにこリーダー仕事術

1章

自分を大事にすれば
すべてうまくいく！

公務員女子の
10のルール

自分

頑張りすぎなあなたへ！

まずは自分を幸せにする

時には頑張ることを休んでみる

「この山を越えれば」「議会の時期に休むわけにはいかない」「私がいなければ」と頑張りすぎる。気づいたら笑顔が消え、なかなか寝付けなかったり、朝起きても疲労が回復していなかったり、ひどい時は、自然に涙がこぼれてしまう。

女性は真面目な人が多く、つい頑張りすぎてしまいます。子育て中の人、親の介護で疲れている人、独身で人の仕事まで背負っている人など、私のまわりにも、いろいろ頑張っていて自分は二の次という女性がたくさんいます。

でも、**まずは自分が一番大事**です。時には「頑張ることを休もう」と自分に言ってあげてください。

自分の機嫌は自分でとる

人からは「そんなたいしたことじゃない」と思われても、自分にとってはギリギリの状態ということはあるし、逆に人からは「よく頑張れるね」と言われても、本人は好きでやっていて苦にならないこともあります。結局、自分のことは自分にしかわからないので、自分は自分で守るしかありません。

よく、コップの水が半分なのを見て、「半分しかない」と思うか、「半分もある」と思うか、あるいは「誰が飲んだの！　許せない」と思うか、事実は一つだけど、受け取り方はいろいろあるという話があります。

例えば、自分が企画したイベントの集客がイマイチだった時、「やっぱり企画には向いてない」と落ち込むか、「いい勉強になった、次は頑張る」と思うか、事実は一つだけど、どう感じるか、どう対応するかはいろいろあって、決めるのは自分です。

自分が幸せを感じていないと、人に幸せを与えることはできません。不機嫌は伝染します。**自分が何を幸せと思い、いつ上機嫌なのかを知っておく**ことは大事です。

自分の幸せに気づく

あなたは何をしている時が幸せですか？

私は、休日に図書館で、一人で本を読みながら、ボーっとしたり、内省したりする時が幸せです。私は内向的な性格ですが、仕事や活動の時は、それを全面には出せないので、相当頑張って明るくしています。そして、根っから人が好き！というわけでもないので、人とあまり長く一緒にいると疲れてしまいます。それがたまると、不機嫌になるので、時々たっぷり一人の時間をとります。

人には、頑張れる時と、頑張れない時があります。頑張れないからといって自分を責めず、幸せポイントを見つけることを習慣にしましょう。

memo

まずは自分を幸せにして、まわりに伝染させる

自尊

長所も欠点も
丸ごと自分！

自分のことを好きになる

私なんて

「私なんて何の取り柄もない」「私なんて何の実績もない」「私なんてできないことが多いし」、私なんて、私なんて……。

40歳半ばまで、私もよくそんな言葉を使っていました。その頃、男性職員に「なんでちゃんとできているのにそんなことを言うんですか」と言われたこともあります。

女性は、自分の能力を低く見積もる傾向があると言われています。また、「デキる女は嫌われる」という思いから、爪を隠そうとするところもあります。さらに、職場は多数派の男性のルールで動いており、女性の考え方や感じ方が受け入れられないことで、自分のことを「デキない」と思い込んでしまうケースもあります。

当時の私は、仕事でこれといった実績もありませんでしたし、仲間もいなかったので、自分で自分を認めることができなかったのだと思います。

人を基準にしない

「自分は自分でＯＫ」と思えていないと、人の評価が気になります。また、「あの人より自分は劣っている」「あの人に比べたら私の方がデキる」そうやって、人と比べることで、自分のことを評価しようとします。

人にどう思われるかを恐れるあまり、知らないことを「知らない」と言えなかったり、そう思っていなくても同調したり、自分をよく見せようとして無理したりすることは、自分を認めず、自分のことを大切にしていないということです。

長所も欠点も丸ごと含めて自分です。あとは、**欠けている部分や弱い点をどう補うか、ちょっと癖のある道具をどう上手に使っていくか**です。

比べるのは昨日の自分、先月の自分、去年の自分です。振り返って、過去の自分より今の自分の方が好きと思えるようならＯＫです。

自分で自分を褒める

私たちは、あまり自分も人も褒める習慣がありません。特に、**公務員は「できて当たり前」なところがあり、その傾向が強い**です。日常の中で褒めるポイントはたくさんあります。人が褒めてくれないようなら、自分で褒めましょう。

自分なら「ここを褒められると嬉しい」というポイントもわかっています。誰が聞いていているわけでもないので、「頑張ってるな〜私」「今日もいいことしたわ〜」「こんなこと気づくのは私くらいだろうな」等、遠慮なく褒めてください。

そうすれば、自分を好きと思えるようになり、心が元気になります。心が元気になれば、人と比べて落ち込んだり、人に期待しすぎてガッカリすることもなくなります。

memo

人と比べず、自分の基準で自分を褒める

自信

見えない
格差に
苦しまない！

折れない自信をつくる

「自信がない」のは自分だけじゃない

人前で話す自信がない、人間関係をうまくやっていく自信がない、仕事と家庭の両立に自信がない……。

そんな時、人前で堂々と話している人、人間関係で苦労していない人、仕事も家庭も充実している人……そんな人を見るとますます自信がなくなってしまいます。

でも、もしかしたら、その自信があるように見える人にも、自信がなかった頃があり、なんらかの努力や経験を重ねたことで、今があるのかもしれません。

比べるのは人ではなく、過去の自分。見えない格差に苦しまないことです。

「自信がないからやらない」では、ますます自信がなくなる

昔の私は、人前で話すことに全く自信がありませんでした。今は、「自信がある」とまでは言いませんが、かなり克服をしています。あとの章で詳しく書きますが、話し方講座を受講したことや、仕事や自主的な活動の場で、そんな機会が増えたおかげです。「失敗しても命まではとられない」と腹をくくって場数を踏み、生懸命にやっているうちに自然とできるようになりました。人間なんでもやるだけやってみれば、ある程度のことはできるようになります。

自信のつけ方は、ズバリ、**「自信がないからやらない」をやめる**ことです。「自信がない」と決めてしまっては前にすすめません。「自信がないからやらない」を「自信がないからやってみる」に切り替え、小さな成功体験を積み重ねていくことが大事だと思います。

「自信がない」からできること

「自信がない」が一つ減ると、気持ちが一つラクになります。なので、なるべく減

らしたいとは思いますが、人間なので、すべてにパーフェクトとはいきません。どうしても自信がもてないこともあるでしょう。そういう時は、**「自信がない」ことは悪いことばかりではない、と考えてみる**のはいかがでしょうか。自信がないからこそ、丁寧に準備する、心をこめる、ということがあると思います。

実は私は、人づきあいがあまり得意ではありません。一人っ子ということもありますが、人に対する思いやりに欠けている部分があると自覚しています。なので、人に対してはなるべく声をかける、どうしてもらったら嬉しいかを考える、などの努力をしています。

また自分に「自信がない」部分をもっている人は、自信過剰の人よりも人に優しくなれますし、「自信がある」人が手を貸してくれたら、それに感謝することもできます。

まずは、自分にとって自信がもてないものは何なのか、それは何故か、どうすれば自信がもてるようになるのか、書き出してみるといいかもしれません。

memo
「自信がない」に負けちゃダメ

自立

「頼らない」は
自立じゃない！

「す・な・お」で上手に頼る

人に頼るのが苦手

「お願い」が苦手、「助けて」が言えない、なんでも自分でやってしまう、そんな人は多いと思います。私もそうです。その気持ちの中には、頼むことで、相手に苦労をさせるのは申し訳ないという遠慮や、頼った相手に迷惑と思われたくないという恐れ、あるいは「私がやったほうが早い、うまくできる」というおごりがあります。そもそも「頼る」という発想がないこともあるでしょう。

昔、まだ娘が乳幼児の頃、「子どもがいるから」を理由にしたくないと思い込んでいた私は、随分無茶なことをしていました。平日は、夕方いったん保育所に娘を迎えに帰り、夫が帰ってきたらまた職場に戻って夜中まで仕事をする、土日はほとんど無断で出勤し平日にたまった仕事を仕上げる、そんな生活を続けていました。あまりにも一人で頑張りすぎていたので、噂を聞いた職員課長に呼び出されてしまいました。当時を振り返ると、一人で我慢するだけで、職場のメンバーの協力を得ようとはしていなかったし、上司に働きかけることもしていませんでした。今、上司の立場に立ってみると、そんな部下がいたら困るよな〜と思います。

「信頼＝信じて頼る」がもたらすもの

役職が上がっていっても、なかなか私はその「誰にも頼らない」クセが抜けませんでした。でも、自主活動の中で、それではダメだと気づかされる経験をしました。

自主活動グループ「おこしの会」を仲間と始めてまもなく、ちょっとしたいきさつがあり、九州の自治体職員の交流会を地元で開催することになりました。企画運営をするおこしの会の活動はまだ始まったばかりで、交流会の経験者は私だけ。当然、私が中心になってすすめなくてはなりません。しかし当時、私は職員課で人事を担当しており、春の人事異動作業の真っただ中で時間がとれませんでした。やむを得ず、おこしの会のメンバーに、ほぼ丸投げ状態でお願いをしました。結果、メンバー達が、それぞれにできること、得意なことを見事に分担して、心温まる素敵なイベントをつくってくれました。

自立とは「より多くの人に頼る」こと

一人でできることは限られています。一人で抱え込んでいいことはあまりありません。自分一人で立とうとするのではなく、みんなで支え合ってしっかり立てることが真の「自立」だと思います。

頼る時のポイントは、**「できない、苦手、助けて」と素直に人に頼ること、「す・な・お」な声かけ、「すご〜い」「なるほど」「おもしろい」**です。最初に「何のためにやるのか」「ゴールはどこか」を共有したら、あとはごちゃごちゃ言わずに、頼った人のやり方を認めること、自分と違う発想を面白がること、感謝すること、それがコツです。

memo

頼ることでもっと良い結果を出そう

自考

「感じる力」を
活かして
考える！

自分で答えを生み出す

考える力の定義を変える

「考えることが苦手で」という人は多いです。もちろん何も考えていないわけではなく、論理的に考えること、分析すること、アイデアを出すことがうまくできないと思っているのだと思います。

「これ変だ、これ嫌だ」そう感じながらも目の前の仕事に追われ、こなすことに精一杯ということもあるでしょう。でもそう感じたのなら「変える」チャンスです。**疑問や不満を「こうしたい」に変換する**ために自分の頭で考えることを意識しましょう。

男女共同参画の仕事をしていた時、再就職先に困っている女性のために、起業支援の連続講座を考え出しました。結果、毎年、その卒業生から実際に起業する人が生まれ、今でも定番の企画になっています。「困った」はチャンスです。

考える時間を確保する

人によって考える段取りや整理の仕方は様々です。私は**手帳に「考える」時間を確保**します。会議や行事、決裁、作業等の時間をできるだけ寄せて考えるためのまとまった時間を空け、手帳に「〇〇を考える」と予約します。時間が細切れになって、集中できる時間がとれなくなるのを防ぐためです。

考え方でオススメなのは、**A4用紙の4分の1の大きさの裏紙に、ネームペンで、思いついたことを書き出す**ことです。キーワードや思い、疑問、機会、ゴール、問題点、メリット、デメリット、それをじっと見ながら、分け、集め、増やし、捨て、考えをまとめていきます。頭の中にあるバラバラなものを机の上に見える化するイメージです。すぐに考えがまとまらない時は、用紙はいったんしまって寝かせます。そうすると、翌朝ポッと考えが浮かんでくることもあるし、テレビや新聞、ラジオ、ネット等で、それらに関する情報をキャッチしたり、ひらめきやすくなったりします。

人と話しながら考える

といっても、自分一人が考えつくことは限られているので、ある程度考えたら人と対話しましょう。自分の考えを説明しているうちに、自分の考えの欠けている部分に気づいたり、相手からの質問や投げかけられたキーワードから「ああそうだ」とひらめいたり、漏れている部分の指摘をもらえたりします。その時もできれば、紙やホワイトボードに、こぼれた言葉を拾うイメージで書いていきましょう。

考えるということは頭の中や心の中に蓄えた知識や経験、感情の中から必要な項目を取り出して、新しいものに加工する作業です。そのために、普段からいろいろなものに興味を示し、新しい知識を吸収し、やったことがないことにチャレンジし、会ったことがない人に会って、心を揺さぶられる経験をする。それをたくさんの引き出しにしまって、いつでも取り出せるようにしておく。そう意識することが大切です。

memo

まずは考える時間を確保して、考え方を模索する

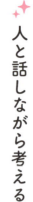

自愛

傷ついた
自分を助けて
あげよう

しなやかに回復する

自分を助けるのは自分

うまくいかなくて自分を責めたり、何気ない人の言葉に傷ついたり、理不尽なことで責められたりして、つらい思いをしていたら、人の助けを待つよりもまず自分で自分を助けてあげましょう。傷は小さいうちに手当をしないと、どんどん傷口が深くなってしまいます。

人に傷つけられることは相手があることなので、やめさせられません。**やめることができるのは自分で自分を傷つけること**です。「なんてバカなんだろう」「だから私はダメなんだ」と自分を追い込んでますます傷つけることは、自分の意志でやめることができます。

「良かった」を探す

どんなに最悪な状況でも、「何か良かったことはないか」と探していくと、必ず一つは見つかります。「今、この時期で良かった」「これから先つきあう必要がない人だとわかって良かった」「聴いてもらえる人がいて良かった」などと思えることです。

例えば、新聞に載るようなトラブルがあった時、その時は大変すぎて「なんでこんな目にあうのだろう」と落ち込みますが、「課長になる前にいい経験になった」「心配してくれる人がいて幸せだ」と思えれば、前にすすむことができます。

別のことを考える

人は、悲しい感情と嬉しい感情を同時にもつことはできません。悲しいことを考えないようにしようとすると、かえって気持ちが引きずられてしまうので、別の楽しいことを考えて、悲しいことを上書きしてしまうと回復が早いです。

そもそも傷ついて気持ちが上がらない時は、次の楽しみがない時だったりします。

もし、週末に念願のライブに行くことが決まっていて気持ちがウキウキしていたら、その1週間は早く過ぎるし、多少のことがあっても、クヨクヨとは考えないものです。

だからといって、週末ごとにイベントを入れるわけにもいかないので、**週のうちに小さな幸せポイントをいくつかちりばめておきましょう**。例えば、美味しいケーキを食べに行く、就業後に映画を観に行く、講演を聴きに行く、本屋さんに寄って帰る、整体に行く、定時に帰ってソッコー寝るというのもいいかもしれません。

私は、毎週金曜日は仲のいい後輩とランチに行き、1週間分の愚痴や凹んだことを聴いてもらって回復しています。一人でも理解してくれる人がいたら、傷口が広がるのを防いでくれます。

memo
悲しみは楽しいことで上書きする

自責

気づき力
＝問題解決力

気づいた人には責任がある

「自責」と「他責」

「課長がわかってくれない」「係長が頼りにならない」「そういう職場風土だから仕方がない」など、全国どこの自治体でも同じような愚痴が聞こえてきます。

また、仕事でうまくいかないと、「〇〇課が、事業者が、住民が悪い」と他責で考えるクセがある人もいます。一方で、「全部自分が悪い」と自分を責めすぎて、壊れてしまう人もいます。

自責すぎず他責すぎず、自分もまわりもうまくいく考え方を身につけたいものです。

「チーム事」で考える

教育委員会で社会教育を担当していた頃、ある挨拶文の中に「自分事として取り組んでほしい」みたいな文章を書いたら、教育長に「他人事という言葉はあるけど、自分事という言葉はありませんよ。辞典にも載っていないはずです」と教わりました。

それまで、まちづくりや自主活動の場面で普通に使っていた言葉だったので、意外な気がしましたが、確かに調べてみると「自分事(じぶんごと)」は「他人事(ひとごと)」をもじった言い回しであることがわかりました。本来、自分のことは自分に責任があり、それを放棄するから「他人事」と言われるのかもしれません。

だからといって、何もかも自分事ととらえて、必要以上に責任を感じることは危険です。**理想は「チーム事」**です。それぞれの持ち味を活かし合いながら、役割分担をきちんとして、特定の誰かに負荷がかかりすぎることがないように声をかけ合いましょう。

「あなた」だから気づけたこと

「気づいた人には責任がある」という言葉が好きです。意味は、ある問題や課題に気づく人というのは、問題を解決する力があるから気づくのであって、「それは、そういうものだ」と課題とも思わない人は気づけない、だから気づけた人はそれを解決しなければならず、それを放っておくことは「無責任だ」ということだそうです。

気づいたら損とも思える言葉ですが、気づいたら、「これは誰の責任なのか」と犯人捜しをするのではなく、「今から自分に何ができるかを考える」、そういうことだと思います。

仕事には時々、「なんで今、自分がいる時に限って出てきたの！」と思うような過去の経過がからみ合った事象がふりかかる時があります。正直逃げたくなりますが、「**神様は乗り越えられない試練は与えない。きっと自分は選ばれたのだから大丈夫**」と自分で自分を勇気づけ、自分にできることを自分らしくやってみようと開き直ることも大事です。

memo

他人事ではなく、「自分だったら」という視点で考える

自主

オススメ特効薬！

“自分の時間”と“自腹”を使う

「自分の時間」と「自腹」を使うと効き目が高い

業務時間外は自分の時間であり、業務に必要なことを学ぶのであれば研修費用として予算化し業務時間内に受講すべきだと考える人もいます。私は、貴重な自分の時間と自腹を使うからこそ、「なんでも吸収しよう」と意欲がわくので、年休をとってでも、身銭を切ってでも必要な学びの場に出かけていくタイプです。それが**自分の力になるし、自信になると信じているから**です。

初めて研修担当になったとき、研修の企画の仕方や講師についての情報を知りたくて、ある研修に参加したかったのですが、予算もありませんでしたし、次年度に市町村アカデミーに行かせてもらえることになっていたので、公務で参加することはできませんでした。でも、どうしても勉強したくて、年休をとってこっそり福岡まで行って受講しました。受講料も旅費も自腹でしたが、「自腹で来るとはすごい！」と講師の方にも親切にしていただき、そこで得た人脈や知識が力になり、次年度の研修の組み立てにとても役に立ちました。

それって意識高い系？

仕事以外で自主的な活動に参加するって、意識高い系と思われそうだし、前向きな人が集まっていそうだし、勉強不足の自分には入る勇気がない、と感じている人は多いと思います。そもそも、そんな場がどこにあるかを知らないという人も、またそんな課外活動をやって、本業で失敗でもしたら、「そんなことしているからだ」と責められそう、と感じる人も少なからずいるでしょう。私も以前はそう思っていました。

諫早市役所の職員自主活動グループおこしの会には「デキる人の出前講座」という企画があります。勤務時間外に他の自治体で活躍している人の話を聴き、**TTP（徹底的にパクる）**のヒントをもらう機会です。遠くから講師に来ていただく時は、皆で旅費を負担しますが、デキる人からもらう知恵、考え方、情報、モチベーションは、お金には換えられない価値があります。

未来の自分に投資する

私は若い頃、1年間、夜間に手話奉仕員養成講座に通いました。それが今、障害福祉の仕事に役立っています。また、管理職になる前に、産業カウンセラーやコーチングの資格を取りました。管理職になった今、それらが自分をラクにしてくれています。

様々な事情で時間やお金の確保が難しいこともあると思いますが、できる範囲で早い時期から、**自分の時間とお金を未来の自分のために投資する**ことをオススメします。

memo

今の貴重な時間とお金を未来の自分のために投資する

自由

自分で
ブレーキ踏んで
いませんか？

あなたの行動で社会を変える

心のブレーキ

女性は、結婚したら両立は無理かも、子どもができたら仕事はセーブすべきかも、頑張ったら頑張れる人と思われてさらに重い仕事を課されるかも、とやる前からブレーキをかけてしまうことがあります。

人と違ったことをして、まわりに嫌われることや失敗に対する恐れから、目立つ行動をおさえようとする意識が働くこともあります。

男の仕事、女の仕事

今でも「人事異動で男性が出て、代わりに女性が入ってきたので、事務分掌を見直す」

と聞くことがあります。一部ですが、まだ男性と女性で暗黙の区分がある業務もあります。職員数の問題ですが、女性の管理職もなかなか増えません。地域でも、PTAや青少年健全育成会の会長はほぼ男性で、女性がリーダーになりにくいです。また、人事や上司も、少し背伸びが必要な仕事を与えなかったり、長期の派遣研修の対象から外したりと、女性に配慮しすぎる傾向があります。こうした配慮は本人にとってありがたい反面、成長の機会を奪われることでもあります。

今、管理職となっている私たち世代の女性職員は、男性と同じように頑張らなければと少し無理をして、男性のルールの中でがむしゃらに働いてきた人が多いです。次世代からは「あんな働き方や生き方はしたくない」と思われるかもしれません。

でも、**今はどの自治体も女性職員が増えています**。新しい令和の時代は、女性管理職は珍しくなくなる時代です。これからを生きるあなた自身が、ロールモデルとなって、女性も男性も働きやすい職場をつくる気持ちでアクセルを踏んでください。

アクセルを踏み出す勇気

男女共同参画の仕事をしていた時、腑に落ちた話がありました。例えば、10人のグループで「今年の旅行どこに行く？」となった時、「海に行きたい」という人が9人で、「山に行きたい」という人が1人なら、当然のように海に行くことになる。「山」が2人でもたぶん海に行く。だけど、それが3人になると「山に行きたい人もいる」ということが伝わり、4人になると「どっちに行く？」という対話が始まる。その結果、「海も山もあるところに行こう」ということになるかもしれないし、「今年は海だけど、来年は山ね」となるかもしれない。

意思決定の場に女性を増やすということは、そういうことだという話です。確かに、まちの大事な意思決定の場に女性がいないと女性の意見を届けることができません。

まずは女性が組織を、社会をよくしようという思いをもって、多様な意見をテーブルに出そうと意識することです。それを重ねているうちに、アクセルを踏み出す力がついてきます。そんな女性の数が増えれば、世の中は変わっていくはずです。

memo

ブレーキばかりでは楽しいドライブにならない

自学

生き方は顔に出る！

笑顔は最高のメイク 学びは極上の美容液

三分咲き笑顔の効果

毎日、笑顔で仕事していますか？

私は、毎朝出勤する時、職員たちの笑顔チェックをしています。中には「体調悪い？」「私、嫌われてる？」と思うほど、目も合わせてくれない人もいて心配になります。

以前、職場の仲間と一緒に学んだ「美人塾」という講座で、「**いつも三分咲きの笑顔を絶やさないことを心がける**」と教わりました。ガハハと笑うのではなく、口角を少し上げて、穏やかな笑顔をキープするイメージです。受講者はそれぞれ自分の職場でそれを実践しましたが、窓口業務を担当していたある仲間から「三分咲きの笑顔を始めたら、窓口でクレームを受けることがなくなりました」という報告がありました。

笑顔は戦わずして勝利できる最強の武器。使わないのはもったいないです。

笑顔にお金をかけてみた

また私は、笑顔の講座に通ったことがあります。6回で2万円程かかりました。講座内容は、普段動かさない顔の表情筋を鍛えるもので、毎日自宅でなりたい女優（天海祐希さん）の写真を見ながら笑顔の練習をしました。私はよく「笑顔がいいね」と褒められますが、「この笑顔にはお金がかかっていますからね」と笑って答えます。

年を重ねると、顔のパーツが下がってきて、意識していないと、普通の顔が暗い顔、怒った顔に見えてしまいます。よく「**楽しいから笑うのではなく、笑うから楽しくなるのだ**」と言いますが、苦しい顔、困った顔をしていると、余計に困ったことが引き寄せられるような気がします。苦しい時ほど、笑顔を忘れないようにしましょう。

学ぶは真似ぶ

さて、この通り「笑顔」は自分を魅力的に見せてくれる最高の「メイク」ですが、どうせならスッピンからキレイになりたいですよね（笑）。スッピン美人に不可欠なのは、ずばり「学び」です。素敵な人は学びをずっと続けている人です。セミナー参加や読書だけでなく、人と交流したり旅に出たりすることも学びです。自分の身のまわりの安全地帯から一歩踏み出して、知らないことに触れ、違う価値観をもつ人と対話する。そうして、自分に足りないものに気づき、新しい何かを吸収していく。学びに終わりはありません。

学んでいる人は謙虚で、人を攻撃することなどありません。生き方は顔に出ます。

学んでいる人は、顔つきが実に穏やかです。自分に足りないもの、知らないことがたくさんあることがわかっている人は「自分なんてまだまだ」という自覚があるからでしょう。そんな人と出会うと、小さいことでイライラしている自分を反省し、「私も頑張ろう」と思えます。

memo

笑顔をつくる、素敵を学ぶ

Column 1

現場公務員女子インタビュー！

『仕事で必要な力は、市役所だけでは身につかない』

朝来市市長公室総合政策課課長補佐兼創生企画係長　**馬袋真紀さん**

朝来市創生総合戦略や創生事業の核としてかかげる「ひとづくり」を担当。自らも市民として市民活動等を実践して得た学びや気づきを市民主体のまちづくりの仕事に活かす。馬袋さんに、地域に飛び出す価値を聞いてみた。

なぜ、地域に飛び出したの？

地域で活動するきっかけは、役場の職員として、地域のこと、地域の人を知らない危機感からでした。そもそも仕事として公共に携わる前に、地域の一員としても果たすべき役割があります。まずは市民として動いてみないと地域のこともわかるわけないじゃん！そう思って始めました。

地域活動は、集い、出会い、語り、学び、楽しむ、活かす、そして、つなげること。そこで私は、自ら率先して動きながら、一人ひとりの一歩を応援したり、年配者と若い方の翻訳をして思いをつなげたりしてきました。

市民と一緒になって活動することで初めて気づくことがあります。それを施策に反映し、市民主体で動けるしくみをつくるのが行政の役割で職員の仕事です。

大切にしていることは何？

朝来市が自律して持続していくためには、今までを尊重しながらも新たな文化、新たな価値をつくることが必要です。そのために「一歩先を行く」のを大切にしました。「一歩」という距離感が大事で、近すぎると新しくない、遠すぎると誰も共感できません。

一歩踏み出すことは、自分もまちも成長することにつながります。失敗を恐れず一歩を踏み出そう、走りながら考えよう。まちづくりは答えのない道だからこそ、状況を見て軌道修正する柔軟性が大切です。ぶれないまちづくりの軸をもつこと。そして、市民の方との丁寧な対話をすること。さらに、納税者の一人として、事業費も自分の人件費も含めて、「こんな使われ方でいい？」と市民として考えることが、大切です。

馬袋さんの仕事や地域に対する思いの深さ、人を基軸にしたまちづくりの実践にいつも元気をもらっている。

2章

自分もまわりも
うまくいく!

しなやか
コミュニケーション術

「感じがいい」は無敵！

戦わないふるまい方

感じがいい、悪い

人間、毎日ご機嫌というわけにはいきません。でも常に「感じがいい」をキープすべきです。敵をつくることがないので、戦う必要がありません。

人間関係は鏡のようなもので、市民から苦情をいただくことが多い職員は、なにかしら「感じが悪い」です。それでは自分から敵をつくって、闘いに明け暮れているようなものです。

容姿に自信がなくても、内向的な性格でも、**「感じがいい人になる」と決めれば、なれます。**相手から笑顔のリターンが少ない人は、怖がらずに相手の顔をよく見て、聞き取りやすい声に笑顔をのせて対応することを心がけてみてください。

今、この瞬間、あなたのその感じの良さは、日本で何位？

想像してください。あなたと同じタイミングで、日本中のお役所で何万本の電話がとられています。その中で**あなたの声は、語りかけ方、聴き方は、ランキング何位に入りそうですか？**「今これほど、明るく安心感を与えた電話は、もしかしたら私が日本一かも」くらいの気持ちで電話をとると楽しくなります。窓口も同じ。「今の説明と手続きの案内は、日本中の戸籍係で一番だったかも」なんて想像すると対応が変わります。

人との出会いは「一期一会」、特に第一印象は重要です。「この人は信頼できる」と思われたら素直に話を聴いてもらえ、話が伝わりやすくなり、ますます信頼されます。反対に悪い印象を与えると、余計なことを言われ、さらに感じが悪くなり、それが役所全体の印象としてインプットされ、他の職員にも迷惑をかけてしまいます。

挨拶も笑顔も先手必勝

私は、笑顔は伝染すると思っています。あなたの笑顔に癒された誰かが、優しい気持ちになってまた誰かに笑顔を配る、そんな伝染病が流行ればいいのにといつも思います。

時には勇気を出して挨拶をしても返ってこないこともあるでしょう。そんな時は、もしかしたら相手は深刻な問題を抱えていたかもしれないし、体調が悪いのかもしれない。**「挨拶を返さないのは相手の課題であって、私の課題ではない」と気持ちを整理**して、自分から笑顔を配ると決めること。笑顔も挨拶も先手必勝です。

memo

いつも上機嫌の人でいる

弱みを見せて
受け入れ
られる！

弱みの事前申告

ジグゾーパズルの法則

自分の弱みが気になって自信がもてず、人にオープンになれないと感じることはありませんか。自分の弱みに気づかれたくない、できれば隠しておきたい、そこをつかれたくない、見せるのが恥ずかしい、そんな気持ちもあるかもしれません。

以前、自分の強みを知るストレングス・ファインダー（米国ギャラップ社が開発した、人の「強みの元＝才能」を見つけ出すツール）の勉強会をしたことがありました。そこでは、自分の強みだけではなく、仲間の強みについても理解を深められました。

結果、**自分の弱み（へこんでいる部分）は仲間の強み（とがっている部分）で補ってもらえ、自分の強みを相手のために活かすことで、組織がうまくいく**ことを学びました。まさに凸と凹を組み合わせながら、一枚の作品をつくるジグゾーパズルのようです。

一人じゃ円陣組めないよ

私の強みベスト5は、「学習欲」「最上志向」「内省」「達成欲」「収集心」です。特徴は、戦略的思考が強く、人間関係に関する強みがないことです。弱点については、以前からコンプレックスに感じていたので、やっぱりそうかと思いました。

一方、仲間の中には「適応性」「包含」「ポジティブ」など人間関係力を強みにもっている人がいます。私からすると羨ましい強みですが、その人は戦略性や思考力がないのが悩みの種だそうです。**それぞれに持ち味は違います。**

私の強みを仕事に活かすと、例えば、面白い学びの企画を思いつき、仕立てることができます。しかし、人間関係力は強くないので「こういうイベントがあるよ。来ませんか?」と声をかけ、仲間を増やしていくことは苦手です。でも、人間関係力に強いメンバーがそれを補ってくれます。おかげで、私が知ることもなかった多様なメンバーが集まってくれます。

弱みはオープンに

また、相手の強みや弱みを知ることで、相手の行動が理解できるようになります。例えば「活発性」が強みの人からすると、「慎重さ」が強みの人の行動は「さっさとすればいいのに」とイラっとしますが、逆からすると「よく検討してから着手すればいいのに」と注意したくなります。

自分と違う持ち味をもっている人からすると、自分の当たり前な言動も不可解なことが多いので、**自分の弱みを表明しておくと、トラブルを避けることもできます**。例えば私は「分析力が弱いので、遠慮なくフォロー頼みます」と自分から言います。「それなら得意です。私がやりますよ」と相手の強みの出番を増やすことにもなります。それらによって、お互い様の人間関係を築くことができれば、チームの力は強くなります。

memo

弱みの共有は、自分のためであり、まわりのため

味方を増やす！

必殺「恩返し」の術

受けた恩は石に刻む

人のために何かをしてあげた時、「ありがとう」が返ってこないと、つい「えっ！こんなにしてあげたのにお礼の言葉もなし？」「人としてどうなの？」と感じてしまいます。

でも、自分が逆の立場の時に、気づかずにやってしまうこともあります。「あとでメールしよう」「今度会った時にお礼を言わなくちゃ」と思っていたのに、バタバタしていたらつい忘れ、お礼を言いそびれてしまった、なんてよくあることです。

わざわざ「お礼言われていないよね」などと教えてくれる人はいないので、それが重なると、自分が知らないうちに、味方が減ってしまいます。

例えば、「○月○日に課の懇親会をするので、いいお店を紹介して」とお願いをし、いろいろ提案してもらって、予約までいれてもらったとします。それに対して「紹介してもらったお店良かった、ありがとう、みんな喜んでくれた」という連絡があるのとないのでは、相手の印象が全く違います。もしかしたら、ムッとされていたり、「気に入ってもらえなかったのかな」とモヤモヤされていたりするかもしれません。

まさしく「**かけた情けは水に流せ　受けた恩は石に刻め**」ということです。受けた恩は忘れないようにしたいものです。自戒を込めて。

一言メッセージで感謝を届ける

仕事でお世話になった方に公文書でお礼状を出す場合、**担当者として一筆箋等を添えるのをオススメ**します。

例えば、退任される審査会の委員さんに対して「毎回、夜遅くまでご審議をいただき、ありがとうございました。○○様の当事者を思いやる気持ち、専門家としての真摯な意見が伺えて、とても勉強になりました。○○様のおかげで会の雰囲気も温かくなり、担当としてとても助かりました」など素直な気持ちを綴りましょう。

その委員さんとは、またどこかで、ご縁があるかもしれません。公文書だけでは伝わりにくい感謝の気持ちを添えれば、あなたの印象は深く刻まれます。こうした積み重ねが、いざという時に頼れる味方を増やします。

恩返しできない恩は「恩送り」

恩を返したい人に恩が返せなくなる場合もあります。例えば自分が休んだ時、仕事のカバーをしてくださった先輩が異動されたら、直接その人に返すことはできません。

でも、いつか別の誰かが休んだ時に「あの時の恩を返そう」という気持ちで「恩を送る」ことはできます。自分が受けた恩をそのまま下の世代や困っている人に送るのです。恩返しは特定の人に対してですが、**恩送りなら、たくさんの人に送ることができます**。そしてそれは必ずまた自分に返ってきます。

memo

感謝の一言の積み重ねで味方が増える

男職場で
活かす
「しなる力」

八方美人のススメ

私は八方美人では？が悩みだった

あなたは、相手によって態度を変える自分が嫌になったことはありませんか？　男性優位の職場の中で、なるべく女性として望まれる振る舞いをして、トラブルを起こさないようにする、そんな多重人格的な対応をして落ち込んだことはありませんか？

私はある失敗をした時、男性の上司に「いかにも女がやりそうな失敗だな」と言われて傷ついたことがあります。でも怒りの感情を表すことなく、黙ってそれに従いました。ほかにも、相手の状況にあわせて相手の望む人格を演じるような場面は多々あり、そんな**自分の多重人格的な部分が、長年のコンプレックス**でもありました。

多重人格マネジメント

でも、田坂広志さんの『人は、誰もが「多重人格」 誰も語らなかった「才能開花の技法」』という本を読み、気持ちが楽になりました。グッときた文章をご紹介します。

「「多重人格のマネジメント」とは、自分の中にある様々な人格の、どの人格の存在も自覚しており、置かれた状況や場面に、どの人格で処するかを、意識的に判断し、瞬時に、人格の切り替えができることを意味しており、決して「精神の病」を意味しているのではないのです。」

「結論から言えば、「仕事のできる人」とは、「場面や状況に応じて、色々な人格を切り替えて対処できる人」です。」

「それは、対人関係を円滑に進めていくための「潤滑油」であり、社会生活を適切に進めていくための「知恵」でもあるのです。」

仕事を円滑にすすめるために、状況に応じて、いろいろな人格を切り替えて対処し

ている。そう考えると、コンプレックスではなく、逆に強みではないかと自分を許すこともできました。

隠れた人格と才能を開花させる

本には、こうも書いてあります。

「『多重人格のマネジメント』を適切に行えば、日常の仕事や生活において、これまで隠れていた人格を開花させ、隠れていた才能を開花させていくことができる。」

例えば、私は、もともと明るい性格ではありません。ですが、それを表に出せば仕事をする上では不便です。そこで、明るい人を見て、その人の言い回しや動作を真似て、演じているうちに、かなり明るい人っぽくなってきました。おそらく、かなり親しい人以外は、私が内向的な性格だとは思っていないでしょう。**「今はどの人格で振る舞った方が有効？」と意識して演じ切ることです。**

memo

女優のなりきりは恥ずかしくない！

女職場に
疲れた時は？

ミカタを活かす考え方

女同士はわかり合える？

女性の場合は、独身か既婚か、子どもの有無や年齢、実家との距離、配偶者のキャラ、役職の違いなどによって、もっている時間やお金、シコウ（志向、思考、嗜好）に違いがあります。「女同士だからわかり合える」というものではありません。

また、仕事が大好きな人もいれば、〝女性活躍〟なんて困る人もいて、一種類ではありません。でも、まだ役所に女性の数が少ないせいか「だから女性は」みたいに一括りにされ、なぜ女性は個人ではなく団体で評価されるのだろうと疑問に思います。

女同士うまくいかない時は、**「同じ女性なのに」**と思い悩むのではなく、**「わかり合えない女性だっている」と割り切る**ことも必要です。

2：7：1の法則

自分のまわりに10人いたら、そのうち2人は無条件に自分のことを好きだと思ってくれる人で、1人はどんなことをしても嫌いと思う人で、残りの7人は、時と場合によるという法則（カール・ロジャースの「2：7：1の法則」）があります。自分から人を見る時も、だいたいそんな割合のような気がします。2人は何をしても好きな人、1人は無条件に嫌いな人、あとの7人は、自分に優しくしてくれたら好きだし、気に入らないことがあったら嫌いになる、そんな感じです。

できればみんなに好かれたいですが、そもそも自分を嫌いな人は一定数いると思うとラクになります。大人だから、仕事だから、女同士だから仲良く、なんてことはそもそも無理です。**自分の気持ちを閉じ込めて嫌いな人と無理してつきあうのではなく、「私は私」と割り切って、仲良くしたい人と仲良くする**、それで大丈夫です。

女のミカタ（見方、味方）

私が若かった頃、先輩の女性に「あなたみたいに小さい子どもがいる女性が遅くまで頑張っていたら、早く帰る女性が頑張っていないように見えて迷惑」と言われたことがあります。今思えば、そんな小さい子どもがいる職員が遅くまで一人で残業していた職場に課題があったはずです。「この状況をどうにか変えましょう。私も一緒に動くから」と言ってもらえたら嬉しかっただろうなと思います。

役所の中では女性はまだまだ少数派です。好きになる必要はありませんが、どんなに嫌いな相手でも同じ女性という「立場」であると見方を変えて、できれば女性は女性の味方であってほしいです。

そして、これからの時代は、男女ともに、子育て中の人や、家族の介護をしている人、ハンディキャップや病気を抱えながら働く人が増えていきます。これまで働きづらさを感じながら働いてきた女性が「お互い困った時は支え合いましょう」と、女性だけでなく**みんなが働きやすい職場づくりを提案**できたらいいですね。

memo 女の味方と見方を活かす

絶対に業務が減る！

「ニコニコ対話」のポイント

喫縁室があればいいのに

喫煙室という空間もなくなりつつありますが、ちょっとリラックスして情報交換や打ち合わせができる場だそうです。以前、女性職員研修で、煙草を吸わない人も気軽に話せる「喫縁室」があればいいのにと話題になったこともあります。

また、飲み会の場こそ、ホンネで話しやすい対話の場だという意見もあります。確かに普段聞けないような話が聞けたりして、「そんなこと考えてたんだ」という発見もあります。でも、育児や介護などそれぞれ事情があります。私は以前、参加していない飲み会の席で決まった仕事を知らなくて、「それはないだろう」と怒りを覚えたこともありました。

職場自体がリラックスして話せるそんな雰囲気になるのが理想かもしれませんが、窓口があったり電話が鳴ったりして、なかなかそうもいきません。できれば、ちょっと場所を移して、**雑談でもなく、議論でもない、対話の場**がほしいところです。

オフサイトミーティング

オフサイトミーティングとは、㈱スコラ・コンサルトが提唱する「気楽にまじめな話をする場」のことです。気楽に気楽な話をする場（飲み会など）と、まじめにまじめな話をする場（会議）の間にある場です。その場では、論理的に問題を分析し対策を考えていく問題解決型の話し合いではなく、参加者が感じていることや経験、思いなどをありのまま共有し、相談や協力がしやすくなる関係性をつくる対話を行います。

私は、**職場では週1回「ザッソウ」＝（雑談・相談）の場**をもっています（↓4章「雑談・相談のススメ」）。自主活動では、毎週水曜日の昼休みに「ランチミーティング」を行っています。どちらも、思っていることや感じていることを言い合い、聴き合う場です。ルールは特に決めず、出された意見を否定することがないよう、安心して話せるような雰囲気づくりに気をつけています。

たまに新人職員達が昼休みに集まって話しているのを見かけますが、最初はそんな感じから始めるといいと思います。例えば、同期で集まったり女子会的な場をもつのもいいかもしれません。

直接会って話してみる

同じ職場内でもそうですが、全庁的にも、メール等の便利なツールができたことで、職員同士話をする機会は極端に減っています。時々、「直接顔を見ながら話をした方がわかり合えるし、早いのにな～」と思う場面も見かけます。「それ、電話で言ってくる？」と思うような用件もあります。

文字や声だけでは伝わらない感情やニュアンスもあります。メールやSNSはあくまでも業務連絡用。**相談事や頼み事など感情のやりとりを伴う対話は、直接会って、相手の顔を見ながら**にしましょう。

memo

気楽に真面目に対話できる場をつくる

とにかく
見える化！

みんながわかるメモの残し方

メモの力

前任者が残しておいてくれた、なにげないメモで助かるのは公務員あるあるです。それは、小さな段取りの工夫であったり、細かい手順の注意ポイントであったり、「こうすると失敗しないよ」という前任者から後任者への思いやりだったりします。

逆に、メモは自分のノートに書き、それをオープンにしてくれない人もいます。その人は異動する際ノートも持って行ってしまうので、情報が共有されず、後任者はいちいち悩んでしまいます。

私はよく、業務の一連の流れを一覧表にしたものをつくります。そして、**どのタイミングで着手し、どこから攻めるのが一番効率的か、誰に相談すればいいか、どんな**

反省があったか、細かい注意点を備考欄に書いていきます。さらに、そのメモが後任者の目にとまりやすいように、誰もが見るフォルダに残すなど工夫しています。

昔と違って今は、データにしてみんなで共有することができます。みんなのために、愛のあるメモを残しましょう。

メモを見える化する

職員課にいた頃、各課や職員個人から、給与や服務、福利厚生などいろんな問い合わせがありました。慣れてきたら、あの本に書いてある、以前こんな回答をしたとピンとくるので、すぐに回答できますが、最初の頃はそうはいきません。勉強にはなるけど、一つ一つ調べて、回答するのには時間がかかります。

そこで、私はそれらの**経過をメモとしてデータに残す**ことにしました。「いつ、何課の誰からこんな照会があった。これについては過去にもこんな経過があり、主任とも相談し、こんな根拠によって、こう回答した」、「これは同じような事例が質疑集の○ページに書いてある」など、課の職員なら誰でも検索できる場所に保管していきました。

そうすることで、その場にいなかった職員もその状況がわかります。後任者も早い段階で、いろんな経過を知ることができます。また、制度改正等によって過去の回答とは異なる結果になるものもあり、それらを共有することにより答えに到達するまでの時間を短縮できます。

思いを伝えるメモ

私は、**職員研修や自主的な勉強会で学んだことをメモに残します**。講師から学んだこと、印象に残ったキーワードや考え方、自分の所感などを書きとめ、データ化します。そして、参加できなかった人や参考にしてほしい人にシェアします。人に伝えるためと思えば、メモをとるのも力が入ります。それによって自分自身も、研修内容を深く理解できるし、メモが残っていればすぐに思い出すことができます。またシェアすることで、仲間と思いを共有することができます。

memo

メモを見える化することで、自分もみんなもラクにする

下手な遠慮は
迷惑の元！

名人の見つけ方＆お願い法

名人はそばにいる

役所の中には、いろんな名人がいます。エクセルの達人、機械に強い人、名司会者、ファシリテーター、人脈のハブ的な存在などなど、多種多彩です。

ですが、みんなが知っているかというとそうでもなく、「私なんて普通です」とか言いながら、普段は目立たない存在だったりします。

名人の見つけ方とお願い法

よくあるのは、「入力作業をラクにしたい」「簡単で正確に処理できるファイルがほしい」というものです。そこで、同じ職場にエクセル名人がいる場合は、お願いしてみます。その人にとってはなんてことないですが、得意でない人が倍の時間をかけたからといってできるものでもありません。また、できる人は普通、頼まれたら嬉しいと感じるので、快く引き受けてくれます。

ただし「その間、私がこの仕事やっておきます」とか、「今度焼き鳥5本おごります」などの気遣いが大事です。**「できるから当然でしょう」という態度でいたら、引き受けてはもらえません。**

同じ職場に名人がいない場合は、時間中にはできないのでややこしくなりますが、普段からの人間関係ができていれば勤務時間外にお願いすることもできます。

見つけ方は、とにかく声をあげることです。「この演題を書いてくれる書道の上手な人いないかな？」「チラシが得意な人、知らない？」とまずは自分のまわりや近くの職場に呼びかけることで、誰かが知っている人につないでくれる可能性があります。

私が障害福祉課で手話のパンフレットを作る際、「誰か手話の動作をイラストで描いてくれる人いませんかね」と声に出したら、「手話サークルに可愛いイラストを描ける人がいるので頼んでみましょうか」とつないでくれました。結果、「手話の普及につながるなら喜んで」と描いてくださり、わかりやすく親しみのもてるリーフレットができ上がりました。大事なことは、名人に感謝の気持ちを伝えること、それを他の人にも伝えることです。

頼まれやすい人になる

自分がもし名人芸をもっているなら、**頼まれやすい人になることも大事**です。それこそが「頼み上手になること」の一番のコツともいえます。

結局は、人と人、「あの人から頼まれても絶対引き受けない」という人になってしまってはアウトです。普段から人の頼まれごとを引き受けて、困っている人がいたら手を差し伸べる、それを続けることで「あなたのためなら喜んで」と言ってもらえる人になるのです。

memo
頼み上手は頼まれ上手

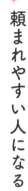

何事も気軽に挑む㊙心得

頼まれごとは
試されごと！

できるから頼まれる、できたら自分の力になる

「なんで私にばかり頼むのだろう」「私って便利な人と思われてない？」「どこまで期待に応えればいいの？」など、頼まれることが続いてイヤになったことはありませんか？ **でも、そこで「断り上手」にはならないでください**。

「頼まれごとは試されごと」とは、私が尊敬している講演家、中村文昭さんの言葉です。そもそもできない人には頼まないので、頼まれる時点で〝できる〟ことは決まっている。あとはやるかやらないか。頼まれたらとりあえず「はい！」と答え、どうやるか考える。そして誠心誠意やって依頼者に喜んでもらう。そうするとまた何かを頼まれる。それを重ねていくと、自分が思いもしなかったようなことができるようにな

る、という意味です。

頼まれたら、「はい」か「イエス」か「喜んで」

私の場合は、講演がその例でした。52歳の誕生日の時、自主活動グループの仲間から「誕生会を企画するので、これまでを振り返って、若い人に向けて話をしてくれませんか？」と頼まれました。

人前で話すのは大の苦手で、できればやりたくなかったのですが、これも試されごとだと思い、それまでの仕事人生を振り返って、原稿を作り、一生懸命思いを伝えました。結果的に、それが女性の働き方やワークライフバランス的なストーリーとしてまとまり、その様子がフェイスブックでアップされ、職員組合の女性部や他の自治体の勉強会、研修機関等からも講演依頼をいただくようになりました。

最初はうまく話せず落ち込みましたが、仲間に聞いてもらいながら何度も練習するうちにコツをつかみ、90分くらいは人前で話せるようになりました。今は**「なんとかなるだろう」と楽天的に受け止める**ことができます。最初のあの依頼を断っていたら、たぶん今でも苦手のままだったでしょう。まさに、頼まれごとは試されごとでした。

返事は0・2秒　できない理由を言わない

中村さんの言葉に「返事は0・2秒」「できない理由を言わない」というのもあります。

何かを人に頼まれた時、「え〜私？　いや、ほかにもっと適任者いるでしょう。私は忙しいし、そんなこと苦手だし……」なんて、できない理由はスラスラ出てくるものです。でも、自分が人に頼んだ時、そうやってグズグズ言う人と、即答で「はい！私でよければ喜んで！」という人、どっちを好きになるでしょうか？　もちろん、後者ですよね。

宴会の幹事、勉強会の司会、ＰＴＡの役員……役所生活ではいろいろな頼まれごとが降ってきます。そんな時、**やらされて嫌々やるのではなく、面白がってやってみる**。そうすることで、だんだん上手になるし、思わぬ自分の持ち味に気づくこともあります。

memo

頼まれごとは次の扉が開くチャンス

上司も部下もあてはまる！

「人はできると思ったことしかできない」説

でも、だって、どうせ

やってみたいと思っても、「でも時間がない」「だって人がいない」「どうせ無理」と言ってしまうことがあります。いったんやらない方向に思考が流れると、できない理由はスラスラ出てきます。結果、自分でも「やっぱり無理だ」と納得できて、やらなくて済むことになります。失敗して恥をかくこともありません。まぁ、それで済むのなら、実は、そんなにやりたいことでもないのかもしれませんが、**できることをあきらめてしまっているのならもったいない**と思います。

例えば、私が男女共同参画課で仕事をしていた頃、女性の再就職支援の講座を企画しました。当時再就職にはパソコンのスキルが不可欠で、講座のメニューに入れたかったのですが、機材がなく、なんとかしたいと思っていました。

「私はできる」と口に出してみる

そしたらある日突然、国の雇用促進施策の一環で、パソコンの購入に補助金が活用できそうだ、しかし、そのためには数時間後に書類を提出しなければならないという事態が起きました。私はパニックになりつつも、どうしても講座用のパソコン20台がほしくて、「私にはできる」と声に出しました。それから、いろんな方面の協力を得て、それをやりとげることができました。当時の上司が、横で「うん、村川さんならできます」と言ってくださったことも大きな力になりました。無事納品されたパソコンのおかげで講座は大人気となり、多くの女性の再就職につなげられました。**「やりたい」気持ちが「できるかな」という不安を上回った**のだと思います。

「できる」と決めてからできる方法を考える

人は、やりたいと思ったことではなく、できると思ったことしかできません。

職員課で女性職員研修を担当しました。半年間、やりたいと思ったことを実際にやってみる研修でした。その中で、窓口業務の漏れをなくしたいと強く思う女性がいました。長年、住民異動届や子育て支援、市民税関係などの業務に携わり、それぞれの窓口で、案内漏れによる苦い思いをたくさん経験してきた職員でした。

窓口業務には彼女のようなベテランばかりではなく、新採職員もいます。自分のような痛い経験をする職員を減らし、市民に迷惑をかけないよう、誰が担当しても漏れなく関係課につなげられるようにしたい、というのが彼女の思いでした。

研修の中で、彼女がいたグループは、手続き漏れを防ぐしくみを一部試行し、成果を発表しました。彼女の思いに共感した私は、研修終了後関係各課から担当者を集めプロジェクトチームをつくり、既に似たしくみをつくっておられた北見市の協力も得て「窓口案内書」という窓口のカルテのようなしくみをつくり上げました。

本格的な運用開始までは、いろいろハードルがありましたが、「きっとできる」「それがあったらみんなが助かる」と決めたから、方法を思い付いたのです。

memo やりたいと思ったら、まず「できる」と決める

自分も
まわりも
大切に！

「怒りの感情」マネジメント

「怒りの感情」あれこれ

窓口で理不尽な言葉を浴びた時の怒り、相手が察してくれない怒り、寂しさや報われない怒り、価値観の違いから生まれる怒り、いろんな場面で怒りの感情を覚えます。また、「人を育てるためには、自分が怒らなければならない」と真面目に思っている上司もいたりして、ストレスが蔓延している職場では、怒りの感情が着火しやすかったりもします。さらに、自分の体調や相手との関係性によっても、怒りの感情の表れ方は変わってきます。怒りは大事な感情ですが、怒り続けていると疲れるし、自分もまわりも楽しくありません。できるだけ早く怒りの感情から解放されるワザを身につけたいものです。

アンガーマネジメント

アンガーマネジメントを勉強すると、「怒ってはいけない」わけではなく「怒りを我慢する」のも違うことがわかります。**怒る必要のあることは上手に怒り、怒る必要のないことには怒らない**、人を傷つけず自分も責めない怒り方を身につけられたら、随分ラクになります。

「美詠さんの元気の素は何ですか?」とよく聞かれます。誤解を恐れずに言えば、私のパワーの源は「怒りの感情」です。

長い間、女性であるがゆえに、理不尽に思うこと、我慢することが多く、怒りに震えるような経験もありました。だからといってそれを怒りの感情で返しては損です。なぜなら怒りの感情は、もった本人も受けた相手もともにダメージを受けるからです。そして、怒っている人には誰も近づきたくないので、どんどん仲間がいなくなり、ますます怒りが増す事態を招いてしまいます。

怒りの感情は「もう笑うしかない」と早めに切り離し、そんな状況を少しでも変えていくにはどうしたらいいかと、「怒り」を「志」に変換させるようにした方がずっと楽です。

別のステージをもつ

自分が「こうあるべき」「こうすべき」と思っていることが思うようにいかないと腹が立ちます。人によって「べき」は違いますが、狭い世界で生きていると、自分の「べき」こそが正しいと思ってしまいます。

また、自分が報われていないと感じる時は、怒りの感情をもちやすくなります。例えば、仕事で報われないと感じても、家族との語らいや、趣味の世界、地域の活動の場面で、自分が認められている、役に立っていると感じられると、心に余裕ができ、怒りの感情だけに支配されることはありません。そういう意味でも、**仕事以外の、家庭、活動、自分の時間など、いろんなステージをもっておく**ことは大事です。

memo

怒りは感じていい。でも、自分だけの「べき」に縛られない

本は一番の
カウンセラー

困った時の読書術

悩んだら本に聞く

あなたは何かに悩んだ時、人に話して解決しますか？　それとも自分一人で考えて乗り越えますか？　私は、何か悩みごとを抱えると、人に話すよりは本を読み内省しながら気持ちを立て直すことの方が多いです。

今回、この本を書くにあたって、まずは自分の本棚から参考になりそうな本を抜き出すことから始めてみました。仕事術、人間関係、リーダーシップ、モチベーション、人材育成、女性活躍……その数150冊以上。並んだ本を読み返しながら、「それだけ悩んでたということだなぁ～」と少ししみじみしました。特に元厚生労働事務次官の村木厚子さんの本『あきらめない』からは大きな勇気をいただきました。

本にはたくさんの人が、いろいろな経験をしながら、培ってきた知恵や工夫、考え方、生き方がギュッと詰まっています。本を読んでいるうちに「**こういう考え方もあるよ**」と語りかけられているような気がして、頭や心の整理ができると「よし、明日からまた頑張ろう」という気持ちがわいてきます。本は私にとって一番のカウンセラーです。

本を読み始めたのは自信がなかったから

本をたくさん読むようになったのは40歳くらいからです。それまでは仕事や子育てで余裕がなかったし、あまり必要も感じていませんでした。

それが、職員課で研修担当をするようになり、市町村アカデミーなどの研修を受講した時、研修講師や受講生仲間との対話の中で、あまりにも自分がモノを知らないことに気づき、恥ずかしい思いをし、焦り、自信がもてなくなってしまいました。

「何か勉強せんとまずい」と感じた私は、まず人材育成関係の本から読み始めました。

その後、男女共同参画課に異動になり、そこには小さな図書室があったので、社会や人権、子育て、人生、いろんな本を読み、グッときた言葉や、自分の意見を書き留めておき、それを読み返しながら少しずつ自信を重ねていきました。

本の選び方、読み方、活かし方

私はいい本を読んだらフェイスブックに「美詠さんの本棚」とハッシュタグをつけて投稿します。それを参考にしてくださっている方もおられて、感想を伝えていただくととても嬉しく思います。私も、いろんな方が紹介されている記事を読んで、「面白そう」と感じるものを読んでいますが、最後まで読めなくて積み上がっている本もたくさんあります。悩みは本の保管場所に困っていることです。

私は**読みながらグッときた部分には付箋紙を立てています**。あとで読み返すと、当時その言葉に励まされたことや、その後の考え方、行動に影響を及ぼしていることに気づかされて面白いです。

memo

悩んだ時、手に取った本には出会う意味がある

失敗を
活かせ！

転んだ時の立ち上がり方

転んだからわかったこと

仕事で失敗した時、どうやって起き上がりますか？　立ち直れないかもしれないと思うほど落ち込んだことはありますか？

振り返ると私も、転んで痛い目にあったことが何度かあります。何をしでかしてどう転んだのか、一番印象に残っている出来事は人とのかかわりの中で生じたことなので、あまり詳しくは書けませんが、立ち上がり方のヒントになればと思います。

まだ私が部下をもって間もない頃でした。私たちの世代は、女性管理職のモデルがいないので、部下へのかかわり方も男性管理職のやり方が見本です。今思うと、単に男性管理職の表面的なかかわり方のみを真似をしていたのですが、「部下には厳しく指導しなければならない」という思い込みが強すぎて、部下を追い込んでしまいました。

そして、それが自分に返ってきた時、悲しくもあり、つらくもあり、情けなさや後悔、怒りなど、いろんな感情を味わいました。職場では我慢をしていましたが、自宅では涙が止まらない、そんな日々が続きました。

転んだら、何かをつかんで立ち上がる

私は人生には無駄な経験はないと思っています。この時も**「これは何のための経験？」と何度も紙に書いて考えました。**結果「今後絶対に、職場で傷つく人をつくらない」それに気づくための経験だったと整理をして、産業カウンセラーの勉強を始めました。資格取得は、時間的にも金銭的にもかなりの負担でしたが、自分への罰金と考え、「この先管理職になった時、この勉強は決して無駄にはならない」という決意で乗り越えました。

産業カウンセラーの講義では、相手の話を聴く「傾聴」の実習にかなりの時間をかけますが、それは同時に相手に自分の話を聴いてもらう経験をする時間でもあります。

相手の聴く力の向上のために、本当の自分の気持ちを話さなければならず、かなりの自己開示が必要でした。講義中、自分の気持ちに気づき涙することもありました。

でも、おかげで、傾聴する力がつき、以前に比べかなり人の気持ちに寄り添えるようになり、また受け止めたことをうまく整理して相手に返せるようになりました。

上を向く、そして前にすすむ

あの時、苦しい思いをしたけれど、おかげで「聴く」ことの大切さがわかりました。それがきっかけで、数年後にはコーチング認定講師の資格も取得しました。

人間、転んで痛い目にあわないと、気づかないことってあると思います。転んだ時に見えた風景、感じた思いには意味があります。転んだ時は、「これは何のチャンスだろう？」と前向きに受け止め、いつか「あの日があったから今がある」と言える日がくると信じ、上を向いて、前にすすみましょう。

memo

転んだら「これは何のチャンスだろう？」と受け止める

人は人に
磨かれる！

面倒くささの乗り越え方

人づきあいは面倒くさい

正直、人づきあいは面倒くさい、疲れる、特に新しい人間関係を築くのは億劫、できれば知らない人がたくさんいそうな場には参加したくない、そう思っている人は結構多いと思います。

例えば「こんな勉強会あるよ、参加してみない？」と誘われても、慣れない場所では浮いてしまうのではないかと心配だし、恥ずかしいし、緊張するし、何か発表とかさせられたら困るし……などなど、いろんな面倒くささが思い浮かんできて「遠慮しておこう」と思ってしまう。私も45歳くらいまではそんな感じでした。その気持ち、よーくわかります。

面倒くささの壁　その先にあるもの

人が好き、人とかかわることが苦にならない、とは思えない人にとって、人づきあいはまさに壁。でも、**その壁を乗り越えると、自分では想像もしていなかったご褒美がもたらされます。**私の経験からいうと、ご褒美は大きく三つあります。

一つ目は、人からの学びです。

世の中にはすごい人がいます。そんな方々と触れ合うと、自分がいかに未熟か、知らないこと、できていないことがあるかがわかり、その方々の明るさやヤル気に感染されて、前にすすむ元気をもらえます。

二つ目は、仕事がラクになることです。

人間、会ったことがある人にはハードルが低くなるので、お願いごとがしやすくなります。実際、私はそんなご縁で役立つ資料をかなりいただきました。

三つ目は、コミュニケーション能力が向上するということです。

初めての人に会う、お互いの共通点を見つける、違いに気づく、情報交換をし、理解し合う、そんな場数を踏んでいくと、人見知りといえども、さすがに、人とかかわる力はついてきます。やはり慣れは大きいと思います。人見知りの克服方法は、人にたくさん会うことです。

面倒なことを繰り返すことで得られるもの

オフサイトミーティングの活動で全国的なネットワークをもっておられる山形市の後藤好邦さんは、出会った人には必ず、それも翌日には、メールを届けていたそうです。私も後藤さんにお会いした翌日、丁寧なメールをいただいてファンになりました。

出会って名刺交換して終わりではなく、ハガキを出す、フェイスブックで交流する、その人の住むまちを訪れてみる。せっかくの出会いを「つながり」や「交わり」に活かす、そんな**面倒くさいことの積み重ねが、ある日意外なところであなたの仕事を助けてくれます。**

memo

面倒くさいからこそやったもん勝ち

情報が
みるみる
集まる！

庁内外ネットワーク術

大海に出てみたら

あなたは、ネットワークと呼べるつながりをもっていますか？　もしかしたら、今は仕事だけで精一杯という人も、子育てが落ち着くまでは無理という人も多いでしょう。私は50歳になるまで、自主勉強会やオフサイトミーティングといった公務員のネットワークがあることを知りませんでした。

初めてこの集まりに参加したのは、平成25年11月、福岡市で開催された九州オフサイトミーティング（以下「九州ＯＭ」）第1回交流カフェです。誘ってくれた山形市の後藤さん以外は誰一人知っている人もなく、不安な気持ちで参加しましたが、そこでの出会いが私の公務員人生を大きく変えました。

そこで、「自分のまちを元気に」「組織を良くしよう」という志をもって活動している自治体職員がたくさんいることに驚きました。福岡市職員のオフサイトミーティング「明日晴れるかな」にも大きな刺激を受けました。それらをＴＴＰ（徹底的にパクる）して立ち上げたのが、諫早市職員自主活動グループ「おこしの会」です。

ゆる〜いつながりがもたらしたもの

「おこしの会」という名前は、諫早銘菓の「おこし」と「まちおこし」、それと、まずは市の職員が起き上がろう！という意味を込めてつけました。私が言い出しっぺですが、会則もなく、会長も置かず、会員名簿もない、ゆる〜いつながりです。毎週水曜日の昼休みに会議室に集まり、お弁当を食べながら雑談をしています。役職、年齢に関係なく、参加したい人が参加したい時に自由に参加する情報交換の場です。「へ〜！〇〇課ではそんなことやってるんだ！」とか、「そんな面白い人いるんだ」など庁内外の様子がわかったり、いろんなよもやま話が聴けます。時には、お互いの仕事で「それいいね！　コラボしてやろう！」みたいな企画が生まれることもあります。

つながりのひろがり

九州ＯＭ交流カフェの第2回は、諫早市で開催しました。その時、九州各県から集まってくれた仲間を諫早市の職員は全力でおもてなしをしました。これといった観光名所もない諫早に来ていただけることがただただ嬉しかったからです。そのおかげで「諫早っていいね」と評判になり、その交流は九州全域にひろがっていきました。

また、ＯＭの本家、東北ＯＭとの交流も生まれ、平成30年には、全国ＯＭサミットが東京で開催されるなどして、今は、全国の自治体職員とのご縁をいただいています。

それらの交流を通して得ることができるもの、それは、**当たり前すぎて気づかない自分のまちの魅力に気づかされること**、**同じ仕事を違うやり方でやっている他の団体にヒントや刺激をもらうこと**、**なにより同じ志をもち前向きに活動している仲間に勇気と元気をもらえること**です。

「仲間」は自分から求める

社交的でない人にとって、新しい仲間を求めることはハードルが高いです。だからといって、同質性の高いイツメン（いつものメンバー）とばかり集まっていては、新しい発想や体験が生まれず、自分の成長もありません。

人見知りの自覚がある人は、**あえて知り合いのいない場に出かけて、名刺を渡すことから始めましょう**。誰も知らない場に出かけることは勇気が必要なことですが、逆に考えれば誰からも認知されていないので気が楽です。

最近は、公務員も「2枚目の名刺」を持っている人が多いです。私の場合は、表が公務用、裏が私務用となっていて、裏には個人的な活動や資格の紹介を書いています。すると「面白い活動をされていますね。詳しく聞かせてください」と話しかけられやすくなります。

世の中には、面白い人やスゴイ人がたくさんいます。そんな方々と仲間になることができれば、仕事にも生き方にも大いに刺激を受けます。会いたいと思った人には労を惜しまず会いに行きましょう。

memo

人とのつながりは、情報、知恵、元気をもたらしてくれる

Column 2

現場公務員女子インタビュー！

『いつもはママ、ときどきバナナ姫ルナ』

北九州市市民文化スポーツ局文化企画課主任　**井上純子さん**

全国的に例を見ないコスプレで市をPRする公務員は3児のママ。初めは業務だったが、今はボランティアで活動している。活動の理由や、ありたい女性としての姿について聞いてみた。

どうしてコスプレを？

観光課にいた頃、予算がない中でいかに目立つかを考えた係長のすすめで、業務としてバナナ姫になりました。イベントでゆるキャラの代わりをやったり、動画作成や商品化をしたりしたおかげか、マスコミに150回以上取り上げていただきました。そもそもの始まりは、育休をたくさんとって、あまり働けていないな、と罪悪感があったことです。そこから、上司の期待に応えたい、市に貢献したいと思って始めました。

そうしたら、市民の皆さんから直接反応や応援をいただくことができました。凹むこともありましたが、励ましていただいて続けられました。

女性として、どんな姿でいたい？

子どもに時間をかけることは素晴らしいことだと信じていましたが、子どもが巣立って「子育てしかしていない、何も残っていない人」にはなりたくなかったんです。母になったことで、時間の価値観が変わったり、子どもに誇れる人になりたいと思ったりするようにもなりました。

今、バナナ姫の活動はボランティアで、依頼がくれば休みをとってやっています。最近ではSNSも始めたので、市のイメージアップにつながること、地元のニーズに応えることをどんどんやっていきたいですね。

SNSもそうですが、いろんなところに顔を出していると、役所外でいろんな情報を聴くことができます。外とのかかわりを避けるのはもったいないですよ、女性もどんどん、外に出て行きましょう！と女子公務員の皆さんを応援したいです。

バナナ姫の最初の衣装は公費だったが、その後のバージョンアップは手出しだったそう。最近、クラウドファンディングで衣装を新調し、新キャラ「小倉城姫」にも挑戦！　コスプレ公務員、すごい！

3章

自分もまわりも
ラクにする！

さくさく
時短仕事術

自分を責めない！

集中スイッチの仕分け方

すべてできなくて当たり前

仕事も家庭も活動も趣味もイキイキとこなしている（ように見える）女性を見て、羨ましかったり、「なんで私にはできないのだろう」と自分を責めたりすることがあるかもしれません。もしかしたら私もそう思われる人の一人かもしれませんが、実際、そんなに一人でいろいろできるわけがありません。誰にだって1日は24時間なのですから。

ぶっちゃけ、仕事も活動も家事も全部シッカリなんてできません。仕事や活動をガッツリやろうとすると、家事がガッカリになるのは仕方ありません。私なんて、大掃除は何年もやっていませんし（そもそもあんな寒い時期に窓を拭いたり、水を扱ったりするのは体によくありません）、「お客様を招くようなことはしない」と決めてしまえば、掃除も洗濯も家族が困らない程度にしておけば大丈夫です。おそらく、活躍している女性の実情なんてそんなものです。すべてできないからといって、自分を責めたり、落ち込む必要はありません。

やりたいこと、やらないことを決める

「集中」するために必要なのは、余計なことをする時間を減らすこと、そのために**「やるべきこと」「やりたいこと」「やらないこと」の仕分けをする**ことです。

私の「やりたいこと」は大きく二つ、社会を明るくするために自分が成長すること、地域を盛り上げるための活動をすること、です。それを判断基準として、読む本を決めたり、勉強会に参加したり、誰かに会ったり、まちのどこかに出かけたりします。

「やらないこと」は、気のすすまない宴会や二次会、年賀状、目的のない買い物、家計簿、すべてのメールやラインへの返事……そして、**それらをやらないことによって生じること（経済的なこと、人からの評判）は自分で引き受ける覚悟をします。**

やることをやる日時を決める

手帳術のところでも書きましたが、やることを決めたら、それを実行する時間を決めます。「時間ができたらやりたい」「余裕のある時にする」では、いつまでたっても実行はできません。人は、今しかやる時間がないと思うと、集中してできるものです。

私は、年末の大掃除の代わりに、季節のいいGWに、念入りに掃除をします。そのため連休に入る前に、いつ何の作業をするのか、スケジュールを立てます。例えば、今年はこの本の原稿書きがあったので、家のホワイトボードに「4月30日、□風呂洗い　□原稿書き（2項目）　□ボランティア活動の決算書作成」などと書き、予定をクリアするたびに、☑を入れていきました。最初にGW中にやるべきこと、やりたいことをすべて書き出し、それを無理なく無駄なく全日程に振り分けているので、毎日一つひとつのことに集中して取り組めました。**コツは実行の日時を決めること**です。

memo

やらないことを決めて、やりたいことに集中する

「何のために」
「誰のために」

運命目的管理術

目標も大事だけど

目標を定め、それをクリアするように行動し、達成する。理想的ですが、そもそも目標がない、目標が立てにくい、目標を達成するのが目標みたいになってしまっている等の理由で、いまいちモチベーションが上がらないこと、ありますよね。

それは仕事だけじゃなく、自分の人生においても同じです。5年後、10年後の目標に向かって、今年の目標を立てて実行している、なんて人はおそらく少数派でしょう。とりあえず、今週を乗り切ろう、来月までは頑張ろう、今年いっぱいはしょうがない、と日々の暮らしに追われているというのが正直なところかもしれません。

運命にお任せする生き方もあり

私は毎年お正月にその年の目標を定め、それをクリアするという習慣がありました。「〇〇に旅行に行く」「読書〇冊」「〇kg減量」と決めて着実に実行していたのです。

目標を達成するのは楽しいです。でも仕事が変わったり、新しい人に出会ったりすると、自分が思いもよらなかったような目標がひょっこり現れたりします。そんな時は、設定していた目標にこだわらず、目の前に降ってきたことをグイっとつかむことで、楽しい結果が生まれる、そんな経験が続きました。

そこである年から、「これからはお任せで行こう」と決めました。お任せとは、運を天に任せることです。主体的でない印象がありますが、**目の前に起こることはすべて私にとって必要なことであると整理**して、あとはどう行動するかを決めていくことです。突然降りかかること、人から頼まれること、自分が「あ、これやりたいな」とビビッとくること、それらは全部運命だと思って身を任せて行動する生き方です。

何のために、誰のために

ただし、行動を決めるベースには、「何のために」「誰のために」があります。これは何のためにやるのか、誰のためになるのかと考え、それにマッチすればやる、ピンとこなければしない、そんな整理の仕方です。私は、社会や組織が楽しく明るくなるため、諫早を元気にするため、自分が大事に思っている誰かのために、がベースです。

目的が定まっていれば、それに照らし合わせて決められるので判断が早いです。やるかやらないか、時間をかけて取り組むかサッと流すか、自分がやるか人に頼むか、潔く決めることができ、迷うことが少なくなります。

目標は、目的をかなえるための通過点です。目的を達成するための手段はいくらでもあります。大事なことは目的、目的さえしっかり理解できていれば、人はそれに向かって努力できるものなのです。

memo

目標を定める前に、目的をしっかり理解する

モヤモヤ感を大事にする！

事務改善はじめの一歩

日々のモヤモヤ感

「この作業必要？」「マニュアルがなくて手順がわからないんだけど」「この文書、市民が見て理解できる？」などなど、仕事をする上でモヤモヤと、違和感を覚えること、疑問に思うことは多々あります。

それらを改善につなげたい気はあるけれど、とにかく時間がない、とりあえず、今は処理を優先させよう、とモヤモヤ感にフタをしてしまうこともよくあります。

しかしちょっと立ち止まって、少し力を入れて、それらの作業や過程を効率的に改善することができたら、**不満や愚痴はアイデアに変わります**。

人事異動は改善のチャンス

人事異動や事務分掌の見直しにより、初めてその事務を担当する時は改善のチャンス。わかりにくく手間がかかることは、「なぜこんな流れになっているのか」と疑問をもち、経過や理由を確認してみましょう。その上で、「だったらこうしよう」と工夫をし、少しでも効率的に、正確に処理できるようにして、次の担当者に渡す、それがプロの仕事です。

課によって、毎年担当業務を回し、最低でも一人は前任者がいる体制をとる場合もあります。担当者が複数いることはとても大事ですが、担当する期間が短く、近くに聞けばわかる人がいると、マニュアル作成がついおろそかになります。

まず事務を引き継いだ時点でマニュアルがない場合は、**メモでもいいからそれをデータ化して共有し、皆でブラッシュアップできるしくみを自分からつくる**ことが大事です。

小さな改善を積み重ねる

例えば毎年の調査ものには「ここは、市民窓口課の3月末人口から外国人を除いた数字を書くこと」とコメントを入れておけば、後任者はすぐにそこにたどりつけます。

職員課にいた頃、全職員から封印して提出される意向調査書を、課ごと役職順に並び替えるのが大変でした。そこで、あらかじめ様式に課名、職員氏名、一連番号等を差込印刷で印字して配付したら、配付時の仕分けも回収の作業も楽になりました。「意向調査書は白紙で配付するもの」という思い込みをはずしたことで、育休者や派遣者への配付もスムーズになりました。

自分のためだけじゃなく、誰かのために、そんな小さな改善をコツコツと積み重ねることが、みんなをラクにすることにつながります。

memo
モヤモヤ感を言語化し、自分もまわりもラクなしくみを考える

自分に予約！

忘れるための手帳術

手帳は公私混同で、空き時間を見える化する

「時間がない」「時間管理がうまくいかない」「手帳やスマホで管理してみるけどスケジュールを入力しそこねる」などと時間管理に悩んでいる人は多いと思います。なかには、時間管理が上手な人を見て「どうしてあんなにいろんなことがたくさんできるのだろう」と羨ましく思う人もいるでしょう。〆切が守れない、休みが上手にとれない、気づいたらダブルブッキングだった、そんなトラブル続きでさらに時間がなくなる、なんて混乱している人も見かけます。

時間管理のために私が使っているのは、手帳です。手帳の仕様は、いろいろ試した結果「アクションプランナー」に落ち着きました。時間が上から下に流れるバーチカ

ルタイプで、1週間の自分の持ち時間が見渡せます。30分単位で、一つの行動の始めから終わりまで↓で時間帯を押さえるので、空き時間が一目でわかります。

例えば出張時は、移動を開始する時間から帰庁するまでの時間を↓で確保するので、「この日の○時は空いていますか?」と聞かれると、「そこは無理だけど○時なら大丈夫」と即答できます。

これに、公務はもちろんランチや勉強会、美容室の予約などの私用も書き入れます。そうすると、楽しい私用が入っている時は、その日のために今日は頑張ろう!という気になるので、「仕事が終わらず行けなかった」が防げます。**手帳は公私混同で**書きましょう!

自分に予約を入れる

そもそも私はなぜ手帳かというと、自分が忘れっぽいと自覚しているからです。よく、メモもとらずに用件を覚えている人がいますが、私には無理。手帳は常に手元に開いておき、すぐに書き入れます。**書いてしまえば、安心して忘れることができます。**

例えば友達の誕生日会を企画する、お店を予約する、プレゼントを買いに行くなど具体的な日時を手帳に予約し、その時間がきたら実行する。それでうっかりは防止できます。

書き込みは色で分ける

手帳への書き込みは、予定変更に対応できるよう、消せるペンで自分の仕事は黒、上司や部下の仕事は青、私用は赤と色分けをします。そうすると、急を要する案件でなければ、上司の予定を見ながら相談でき、余裕をもって対応いただけます。

また手帳を見ると、その週のハードさが一目瞭然。楽しい用事でも、遅くまでの活動が続くと疲れます。**ハードな日が続いたら、手帳に「休む」「寝る」など書いて、休養の時間を確保し体調管理**をします。

毎週、月曜日の朝、一週間の予定を見て、「この日は早く帰ってゆっくりしよう」「週末のこの楽しみのためにここは頑張ろう」と考える。それが私の手帳術です。

memo

手帳は公私混同&空き時間を見える化&自分に予約!

タイム
リミット！

モタモタ仕事の追い込み方

丁寧さよりもスピード重視

「やることが多すぎる」「職員が少ない」「クレーム対応に時間をとられた」「協議時間が長い」など、自治体職員は、毎日とっても忙しく働いています。

優先順位は人それぞれですが、5時以降の予定に対し「仕事が終わったら参加します」「その頃は、仕事の予定が立たないのでとりあえず保留で」となかなか目途が立たない人がいます。仕事をちゃんとやり遂げたいという気持ちはわかりますが、**長時間働くことでそれを達成しようとするのは、残念な考え方**です。

職員課で仕事をしていた頃、「忙しい人ほど反応が早い」の法則に気づきました。人間ドックの予約、共済組合の提出物、研修のアンケートなど、面白いくらいに忙しい人から順に書類が提出されてきます。忙しいと一つの事案にかけられる時間が限られているため、素早く処理をするからでしょう。提出が遅いと、不備がある場合の修正に時間の余裕がなく、本人もバタバタするし、担当者の時間も奪われてしまいます。

大事なのは段取り

仕事には種類があります。主なものは、**考える、交渉する（人に頼む）、作業する、確認する**などです。

このうち、仕分けや封筒入れなど考えなくてもできる作業は、できるだけ時間を短くしましょう。1000通の封筒入れを1人でするには相当の時間がかかりますが、5人で割れば200通ずつです。お互い様なので「これから封筒入れをお願いします」と声を出して、みんなでやってサッサと終わらせましょう。貴重な時間は、あなたでなければできない仕事にかけるべきです。

交渉する（人に頼む）ものは、相手の時間をいただくので、まずはそちらを優先です。相手にお願いをして、返事を待っている間に作業ができるよう段取ります。

確認の時間も大事です。確認がおろそかでミスが起こってしまったら、何倍もの時間をとられます。できれば、複数で確認できるしくみがあると確実です（もちろん決裁でそれを確実にすることが大事です。自戒をこめて）。

あまりにもやるべきことが多くなりすぎたら、**一度、立ち止まって、それらを書き出し、どの手順ですすめていけばいいか、いつまでに何をすべきかを組み立てます。**その際、二度手間にならないよう、手数を少なくするのがポイントです。それをスケジュールに落としていって、あとはひたすらやるだけです。まわりに「今テンパっています」ということを伝え、電話に出てもらう、会議室にこもってガシガシやるというのも手です。そのためには、日頃からメンバーと協力関係を築くのが大事です。

究極の追い込み方は、楽しみごとを先に入れてしまうことです。「時間ができたら行こう」などと思っていたら永遠に行けません。まずワクワクなことを予約してから、逆算して段取りする、それが一番の効率化かもしれません。

memo

スピード重視で、早め早めに反応する

仕事：自分のバランス配合

「ばっかり」NG！

毎日が同じパターン

気がついたら仕事ばかりしているとか、余暇と呼べる時間や趣味はないとか、飲みに行くのはいつメンばかりだとか、**日々の行動に「ばっかり」が続いていたら、ちょっと変化を起こした方がいい**かもしれません。例えば、初めての場所に出かけてみるなど、まずはちょっとでも行動を変えてみることです。

確かに忙しい部署にいる時は、平日は仕事、休日は休養や家族との時間が中心となり、自分の時間を入れる余地はないかもしれません。また、やったことがないことをやるというのは正直億劫でもあります。初めての人に会うのは元気がいることで、そんな気力は残っていないという本音もあるかもしれません。

一歩外へ出てみたら

私は、諫早もりあげガールズというボランティア活動をしています。諫早の魅力を掘り起こし、それを伝える活動です。キャッチフレーズは「あるものを活かして、ないものをつくる」。そのために市内のあちこちをまわり、地元の美味しいものや美しい風景をSNSで発信したり、イベントを企画したりしています。メンバーは全員女性ですが、異業種で異年齢なので、モノの考え方や感じ方が多様で、刺激をもらいます。また仲間との語らいの中から、市民の感じ方や地域の現状をキャッチできます。

他には、九州OMという主に九州内の自治体職員のネットワークにも属していきます。そこでは同じ仕事をしている仲間から、たくさんの知恵やヒント、勇気や元気をもらえます。「〇〇市でやっているあの事業の担当者を紹介して」「関係資料をちょうだい」と電話一本で頼める人がいることはありがたいことです。

どちらの活動も、自分のプライベートな時間を使ってやっていることですが、そこで得た人脈や情報、考え方、ヒント、スキルは仕事に活かされています。また、それらの活動が広く伝わることにより、市民の方にも信頼を得られやすく、「村川さんの頼みなら引き受けるよ」と言ってくださる方も増えて、仕事がしやすくなります。

仕事ばかりしていたら仕事ができない人になる

毎日遅くまで仕事ばかりしていたら、そのような情報交換の場や地域活動に参画できません。変化の激しい時代に、新しい知識を仕入れるための読書もできません。家事、育児、介護など生活者としての経験も積めず、電話一本で頼める人脈もなく、結果、仕事のアイデアや解決策が浮かばないため、仕事ができない人になってしまいます。そして、それをカバーするためにさらに長時間労働をしなければならなくなり、ますます動けなくなるという負のスパイラルに陥ってしまいます。

仕事一本でやっていたら、仕事でつまずいた時、立ち上がることができません。仕事だけの一本柱ではなく、仕事、家庭、活動、自分の時間などいくつもの柱で自分を支えることで、万が一、どれか一つの柱が折れても、倒れずに済みます。

memo

「ばっかり」の毎日は少しでもいいから行動を変える

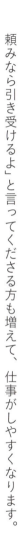

ひたすら休む！

前向きな自分の休ませ方

手帳に「休む」「寝る」と書き入れる

上手に休めていますか？　平日は残業できないからと休日に仕事をしたり、平日は残業続きで休日は家族の用事、結局自分は休めない、そんな女性は多いと思います。

手帳術のところで、手帳に隙間がなくなってくると「休む」や「寝る」という予約を入れると書きました。空いていると予定を埋めたくなってしまうし、楽しいとつい無理をしてしまうからです。先に休みを入れて、疲れがたまらないようにしています。

昔は、何も決めないままダラダラ休日を過ごし、夕方になって「私ってなんてダメなんだろう」と凹みましたが、今は前もって「**今日はダラダラ時間を有意義に過ごすぞ！**」と決めて前向きに休みます。変な感覚ですが、「休み」を達成すべき目標にすると、気持ちよく休めます。

グウタラな自分を肯定する

グウタラが毎日だとちょっと困りますが、「グウタラ時間」は決して無駄な時間ではありません。自分の電池マークにどんどん充電していくイメージで「ただいま充電中」と呟いてみてください。すると「充電完了！」とまた動くことができるようになります。中には、家が散らかっていたり、家事が残っていたりしたら気持ちが休まらない方もおられると思います。私も以前はそうでした。でも今は「充電が優先」と目をつぶります。仕事と家庭の両立といいますが、両方を立たせようとしたら無理がくる時もあります。

心のメンテナンス

私は心が疲れた時、どちらかといえば、一人になりたいタイプです。もちろん、仲間や友人にたまった愚痴を聞いてもらい、それで解決することもありますが、やはり自分の中で、心の整理がつかないと前にすすめないのです。その整理の仕方は、いくつかあります。本を読むこともその一つですが、最終的には、落ち込んでいる理由や自分の気持ちを書き出し、それに意味を見つけ出します。「この経験は、もしかしたら、こんなことに気づいて、より良く生きよということかもしれない」などと整理をして心に格納するのです。そうすることによって、また前向きに動き出すことができます。

でも、それさえ嫌な時もあります。そんな時は、大好きな天海祐希さん主演のドラマ「離婚弁護士」や「BOSS」の録画を延々見続けます。実は、天海祐希さんが大好きで、私の自宅の机の前には、彼女の笑顔やカッコイイ横顔の写真が貼ってあるのです。何度も見たストーリーなのですが、私にとっては憧れの上司の姿なので、それを見ているうちにムクムクとまたヤル気がわいてきます。

そして、少し元気が出てきたら、やはり**元気な人と話したり、その人のSNSを見たりして、元気のおすそ分けをもらう**のが効きます。特に同じ女性が頑張っているのをみると「私も頑張ろう」と勇気をもらえます。

memo

休むと決めたらガッツリ休む。グウタラな自分も許す

引継書には
人柄が出る！

感謝される引継書の書き方

何から手をつければいい？

「えっ？　たったこれだけ？」みたいな引継書をもらった時は、悲惨です。わからないながらも残された文書を見て、一つひとつ手探りでひも解かなければなりません。

でも、そういう引継書をもらう時は、文書の整理もイマイチなことが多く、どこから手をつければいいのか途方にくれてしまいます。中には「自分で調べた方が勉強になる」「あまり詳しく書くと、後任者が考える自由度を奪うから」などの理由でわざとそっけなく書く人もいるそうですが、そんなの意地悪です。**仕事をリレー、引継書をバトンだとすると、落ちたバトンを拾っている間に周回遅れになります**。バトンは、できるだけ余裕をもって、確実に、丁寧に渡しましょう。

嬉しい引継書

どこまでを「引継書」というのか、自治体によって異なるとは思いますが、ここでは、正式に印鑑を押し合って取り交わす事務引継書と、それに付随する事務マニュアルや資料までを含めて引継書と呼びたいと思います。

もらって嬉しいのは、わからない人の気持ちに寄り添って書かれている引継書です。異動してきて一番不安なのは、まず何を、いつまでに、何から着手すればいいのかわからないことです。「とりあえず、これが急ぎの件ですから、これから先にやってください」と言われても、その後どんなことが待ち受けているのかわからないとペース配分もできません。**1年間のスケジュール、毎月処理しなければいけないもの、着手する時期等、わかりやすく整理されている**と、ありがたいなと思います。

そして担当業務ごとに、事業の目的、内容、過去の経過、成果と課題、今後の方針、予算額（前年度決算額も）、事務の流れまで書かれていると、異動時のパニックが軽症で済みます。

さらにポイントは、**前任者が異動してきた時、よくわからなくて苦労したこと、着**

手が遅れて困ったこと、配慮が足りなかったため失敗したことなどが書かれてあること。「なんていい人！」とその人のファンになります。引継書には人柄が表れるのです。

口頭での引継ぎも見える化する

諸般の事情で、事務引継書にはあまり詳しく書けないこともあります。だからといって、「その他については口頭で引継ぎ」と口頭だけで伝えられても、異動時は混乱していてなかなか覚えられません。知らない用語や名前もありメモも上手にとれません。

私は異動する際、提出用の事務引継書のデータをコピーし、その**余白や行間に朱書きで、口頭で説明することを書き足した「事務引継書メモ」を渡す**ようにしていました。

それだと公開の必要はありませんし、聴き漏れもありません。少し仕事に慣れて落ち着いた頃に読んでもらえれば、「なるほどそういうことか」と理解してもらえるはずです。結果、後任からの問い合わせが減り、新しい自分の仕事に集中できます。

memo

引継書はもらって嬉しいものを残す

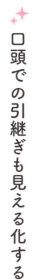

明日休んでも
いいように！

デスク整理整頓の法則

明日出勤できるとは限らない

机の上はキレイですか？　机の引き出しの中は？　棚の参考書類は？　パソコンのデスクトップは？　明日、もし出勤できなかったら、まわりのメンバー達は困りませんか？

以前、ある日突然、職場の仲間が勤務中に心臓疾患で倒れ、長い間出勤できなくなったことがあります。命に別状はありませんでしたが、数日間は集中治療室にいて、ただただ無事を祈る日々でした。もちろん、仕事のことなど訊くことはできません。仕事は残されたメンバーでカバーしましたが、年度始めでもあり、どんな仕事をどんな段取りですすめたらいいのか、なかなかわからなくてとても不安になりました。

今はセキュリティの関係で、人のパソコンを開くことも難しく、もし庁内のネットワークシステムに文書を残すことなくデスクトップに保管されていたら、必要な文書を取り出すこともできません。時々デスクトップにたくさんの文書やファイルを置いている人を見かけますが、もしもの時は仲間に迷惑をかけることになってしまいます。**誰もが明日必ず出勤できるとは限りません。**帰り道に交通事故にあうことだってあるし、家族の急病で介護が必要になるかもしれません。状況によっては、仕事の段取りさえ連絡できないこともあり得ます。

書類の整理は人が見てわかる法則で

またある時は、怪我で長期間出勤できなくなった職員がいました。幸い電話連絡はできましたが、その人は、机の上の右も左も足元も書類が山のように積まれていて、「他課からこんな書類が出てないと連絡があったのですが」と連絡をすると、「机の足元にある書類の、上から8センチくらいのところにあるはず」などと神のお告げのような返事が返ってきました。「お願いだから、ファイリングの法則に従ってくれよ！」と思ったものです。

人それぞれ、①今日中にする仕事、②近々取りかかる仕事、③長期的に取り組む課題、みたいな区分はしていると思います。私の場合、①はバインダーに挟んでおく、②はクリアフォルダに入れて「〇/〇　□□□□」と取りかかる日とその業務名を書いた正方形の付箋紙を貼っておく、③は②と違う色の付箋紙に業務名を書いたものを貼ってクリアフォルダに入れておく、そして①②③の順にカゴに入れておく、という整理の仕方をしています。それを職場の仲間に具体的に説明したことはありませんが、おそらく、私が急に出勤できなくなっても、そのカゴを見ればわかると思います。

書類の保管の仕方については、それぞれの職場でいろんなルールがありますし、個人の習慣もあるので、こうしたらいいですよという具体的なアドバイスはありませんが、自分はもちろん、**人が見た時、その法則がわかるようにしておくこと**が大事です。

机や書類を人にもわかるように整理整頓しておけば、急な事態にも慌てることなく、安心して休むことができます。

memo

普段から誰が見てもわかるように整理する

感じが良くて
齟齬なく
伝わる！

相手も自分もサクサクメール

受け取る人の気持ち

毎日、庁内外からたくさんのメールが届きます。中には、もうちょっと受け取る人の気持ちを考えて送ってくれたらいいのにと思えるものがあります。

例えば、パッと見て読みづらい長文のメールです。本文が長い、段落がない、余白がないメールは、読みづらくてなかなか頭に入ってきません。**丁寧すぎは迷惑**です。

それと、どう行動してほしいのかわかりづらいメールもあります。何をいつまでに、誰に、どうしてほしいのか、じっくり読まないとわからないものは不親切です。

例えば、次のようなメールはどうでしょう。自分のメールを思い返してみてください。

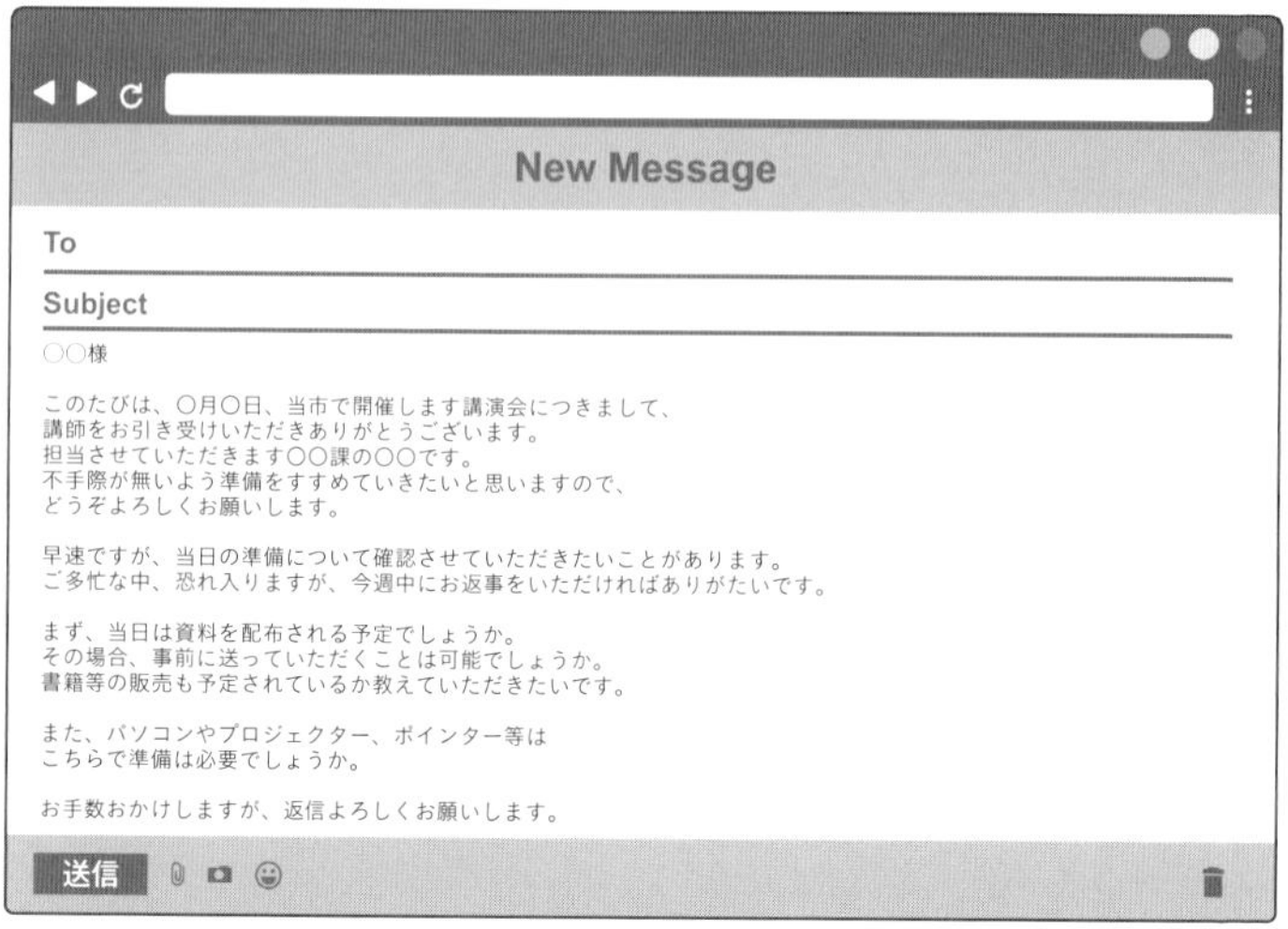
New Message
To
Subject

○○様

このたびは、○月○日、当市で開催します講演会につきまして、
講師をお引き受けいただきありがとうございます。
担当させていただきます○○課の○○です。
不手際が無いよう準備をすすめていきたいと思いますので、
どうぞよろしくお願いします。

早速ですが、当日の準備について確認させていただきたいことがあります。
ご多忙な中、恐れ入りますが、今週中にお返事をいただければありがたいです。

まず、当日は資料を配布される予定でしょうか。
その場合、事前に送っていただくことは可能でしょうか。
書籍等の販売も予定されているか教えていただきたいです。

また、パソコンやプロジェクター、ポインター等は
こちらで準備は必要でしょうか。

お手数おかけしますが、返信よろしくお願いします。

送信

△丁寧だが文字が多く、文章も冗長

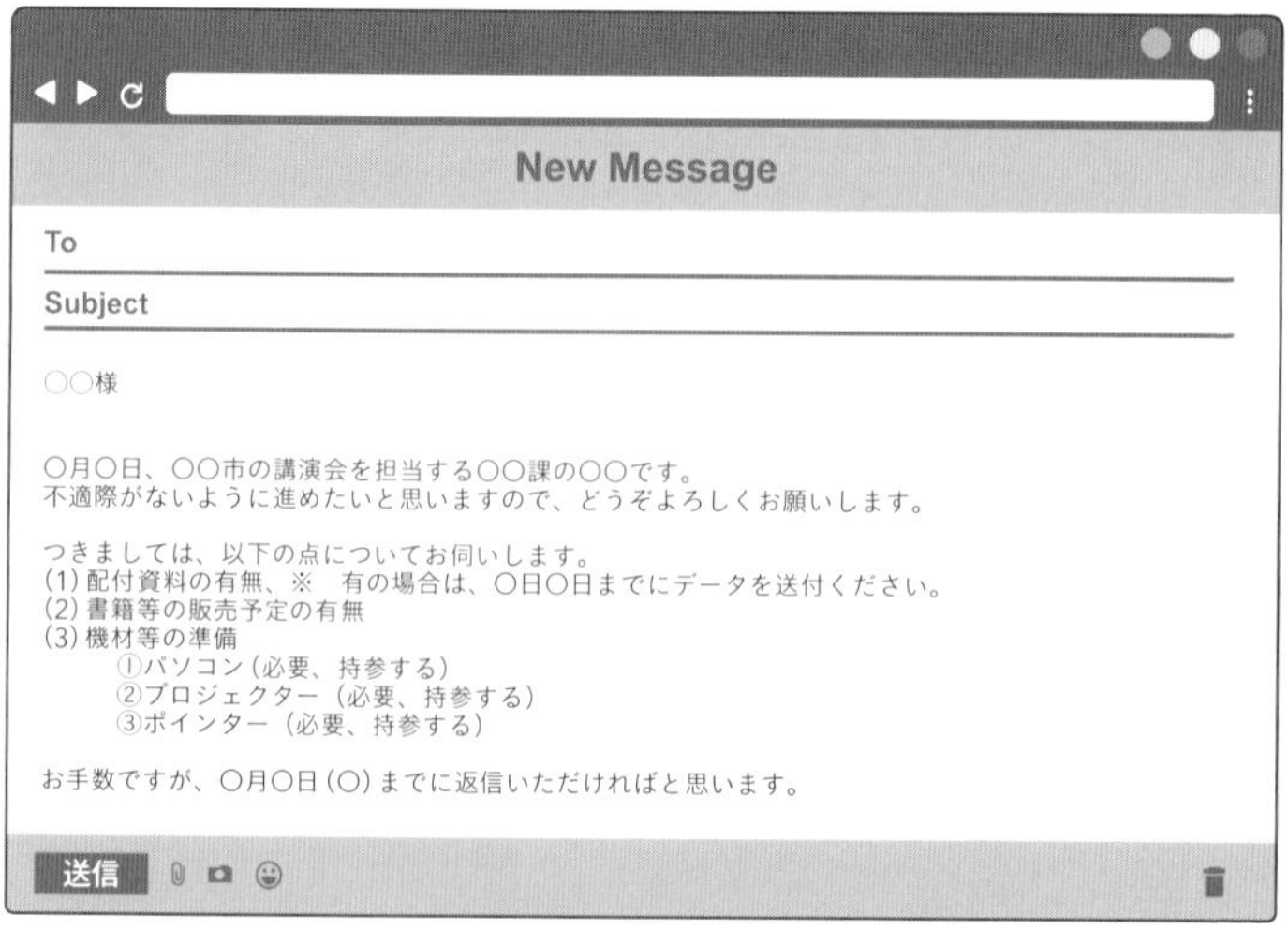
New Message
To
Subject

○○様

○月○日、○○市の講演会を担当する○○課の○○です。
不適際がないように進めたいと思いますので、どうぞよろしくお願いします。

つきましては、以下の点についてお伺いします。
(1) 配付資料の有無、※　有の場合は、○日○日までにデータを送付ください。
(2) 書籍等の販売予定の有無
(3) 機材等の準備
　①パソコン（必要、持参する）
　②プロジェクター（必要、持参する）
　③ポインター（必要、持参する）

お手数ですが、○月○日（○）までに返信いただければと思います。

送信

○要点が箇条書きでさっとつかめる

メールを過信しない

また多いのが、そっけない転送です。他団体や他課からのメールをそのまま、「転送します」だけで送られてくる例がよく見受けられます。一言、「期日までに○○が対応します」「参考までに皆さんに転送します」「後日、正式な文書が届くそうです」などと書いてあれば、皆の時間を節約できます。

メールは相手の時間を気にせず、たくさんの情報を送れる便利なツールです。ただ、最近は、メールに限らずいろんなツールからたくさんの情報が届くので、一つひとつ丁寧に読みこなす時間が惜しいです。セキュリティの関係で、「送った」「届いていない」のトラブルもよく見かけ、送ったから大丈夫とは限りません。

内容によっては直接会って話した方が、早くまとまるものもあります。相手の立場に立って送ることも大事です。

memo

メールは相手に負担をかけない

上司とホンネトーク！

人事評価は対話のツール

人事評価ってどうよ？

人事評価を否定的にとらえている人もいるかもしれません。実際に、とりあえず「普通」で出しておく評価表を見ることもあり、「面談で凹んだ」という声を聴くこともあります。人が人を評価すること、人事や給与への反映など、難しい面もあります。

それでも私は、**上司とのコミュニケーションツールとして、ちゃんと活用すれば効果がある**と思います。もし上司との面談が形骸化しているなら、部下のあなたからよりよい使い方を提案してみてください。

上司との面談を嫌がる人も、仕方なくやっている上司も見受けます。でも、上司と1対1で、仕事、自分、職場のことを真面目にじっくり話す機会はそうありません。

日頃話しにくい個人的なこと、人間関係で抱えている悩みも相談するチャンスです。

面談の活かし方

例えば、子育て中の人はわかりやすいですが、病気の治療が必要、親を介護している、資格取得にチャレンジしている、障害がある兄弟姉妹がいる、不登校の子どもがいる、といった**見えにくい事情は伝えないとわかりません**。その上で配慮してもらいたいことがあれば、正直に伝えて対策を講じてもらいましょう。

また、仕事の課題について、上司の考え方を確認できるチャンスでもあります。「これが課題で、この方向で、いつまでに、こうしたいと考えている」と伝えることで上司も安心しますし、軌道修正が必要なら指示もできます。二度手間にならず、時短できます。

その他にも、働き方改革に関する提案だとか、事務改善でやってみたいことなど、意見交換をすることで、「やってみてください」と上司のお墨付きをもらうこともできます。

比べるのは過去の自分

自治体によって期間は異なりますが、**人事評価はある一定の期間ごとに自分を振り返るチャンスです。**真面目に取り組めば、半年前の自分と比べ、できることが増えているのか、上司からもらった指導は活かされているのか、成長を確認できます。そのために、自己評価の段階で、どうしてその評価をしたのか、出来事や感情をできるだけ書いておくと、具体的に思い出しやすくなるのでいいでしょう。

自治体によって名称や様式は違うでしょうが、「意向調査書」や「異動希望」など、人事課に提出する書類もあります。人事を担当していた経験からいうと、それらは人事担当者が必ず読んでいます。通常、人事課と一般の職員は、対話の場がありません。それらの様式は、職員と人事課とのコミュニケーションツールだと思って、何か伝えたいことがあったら、きちんと書くことをオススメします。

memo

人事評価は、自分との対話、上司との対話のチャンス

要点がわかって
次に繋がる！

手間をかけない報告書

報告書の作成に時間をかけない

会議録作成に膨大な時間がかかっていませんか？　レコーダーから声を拾い文字に起こして報告書として作成するとなると、おそらく会議の2倍以上時間がかかります。定例教育委員会の議事録など正確な記録として保存しなければならないものは仕方ないとしても、簡略化して速やかに結果を整理、報告できるものはたくさんあります。

また、出張の復命書についても、提出が遅い人がいます。会議や説明会、研修会の復命は、現場で資料等にメモを書き入れ、帰ったらその日のうちにポイントを整理して報告しましょう。宿泊を伴う出張でしたら、ホテルで記載を済ませるくらいでないと、出張中にたまった書類に追われているうちに埋もれてしまいます。**美しく整える**

必要はありません。

ホワイトボードを活用する

役所内の会議室には必ずといっていいほどホワイトボードが備え付けてあります。しかし、それが使われている会議はあまり見たことがありません。

会議や打ち合わせでは、出された意見をホワイトボードに書いていくことをおススメします。「字が下手だから」とか「上手にまとめられないから」と腰がひける気持ちはわかりますが、上手に書けなくて大丈夫です。**出された意見を素直に黒のマーカーで書き、ポイントやキーワードになる部分には赤のマーカーで線を引く、決まった分担や次への課題は青のマーカーで書く**、程度の色分けで、話し合いの内容が一目瞭然です。（↓4章「ホワイトボードで会議リメイク」）

「その意見はさっきも出ましたね」と書かれた部分を示したり、「だいたい意見が出尽くしたようなので、まとめますか」と進行を助けることもできます。

そしてそれを写真に撮れば、参加者全員が同じ結論をもち帰れます。報告書も写真を見ながら書けば、それほど時間がかかりません。

報告書の書き方

会議や説明会、研修などの報告はできるだけ用紙一枚にまとめます。忙しい上司が一目見てポイントをつかめるように要点のみを集約し、何らかの処理や対応が必要となる部分は下線を引く、色を変えるなど強調しておきます。詳細なメモや資料を添付する際は、大事な部分に付箋紙を貼る、蛍光ペンで目立たせるなど伝わりやすくします。**研修等の復命書には必ず所感を書きましょう**。どんなことを学び、今後それをどう活かしたいかを書いておくと、上司の協力も得やすくなります。また人事課から外部研修機関等での受講を命じられ報告書を提出する場合は、「この研修は良かったので、来年もこんな人に受けさせてください」とか「いい講師でしたので、うちの役所でも独自に開催できるといいと思います」等とコメントを付け加えておくと、人事課もありがたいです。

memo

報告書は要領よく、ポイントを押さえ、作成に時間をかけない

現場公務員女子インタビュー！

『町の人を泣くほど喜ばせたい！』

大刀洗町地域振興課課長　村田まみさん

ヒョウ柄をまとい、町の「広告塔」として大刀洗愛を叫びながら、対話によるコミュニティづくり、地域の宝を活かす物産振興、広報、観光に力を入れている村田さん。町の人の幸せを一番に考える、彼女の思いと実践について聞いてみた。

どうしてそんなに頑張れるの？

逆風でも、仲間と手をつなげば帆を広げて前に進めると知っているから。

私は、町の元気に繋がると考え、特産品である大刀洗野菜の販路を全国や海外に広げる事業を立ち上げました。新事業への反発は足元から巻き起こりましたが、なじみのない通販に及び腰だった農家さんや職人さんのもとに何度も足を運び、出品を増やしました。今では「ふるさと納税」の返礼品にも引き継がれ、高級ホテルシェフが買いつけるほど評判です。

ここまでの結果が出せたのは、自らの足で築いてきた人脈のおかげです。名刺は「昼用」と、好んで着用するヒョウ柄をあしらった「土日・夜用」の2種類があり、月に100枚は配っています（笑）。やりたい！と思ったことが、どんなに難しいことでも、仲間がいれば夢は叶います。それを知っているか知らないかでは、頑張れるためのパワーも大違いですよ！

大事にしていることは？

いずれ公務員の仕事の大半は、AIがやる時代が来ます。その時、公務員に残る仕事は「笑顔」。結局、発信力は「人」についてきます。共感してくれる人を増やす。それが地域づくりという大きな波になります。

行政とコミュニティは、固い信頼関係が大事です。大刀洗は、地域コミュニティに一括交付金を渡し、それぞれの地域の個性を活かし、自由な発想で地域課題の解決に取り組んでもらっています。結果、どこのコミュニティも対話を重ね何に特化するかを真剣に考え、いろんな活動を展開して、町はドンドン元気になっています。地域を信頼し任せることも、行政にとってはとても大事です。

町を愛し、町の人に愛され、大刀洗を丸ごと振興している「ヒョウ柄の人」の勇気と元気に、私もいつも刺激をもらっている。

4章

自分もまわりも
納得＆協力する！

にこにこリーダー仕事術

みんながあなたを信頼する！

リーダーの基礎三つの技術

リーダーなんてなりたくない

特に女子の場合、「リーダーになりたい」なんていう人は稀です。できればサポート役的な存在でいたい、表には出たくないと思っている人が多いでしょう。でも、仕事ではある程度の年齢になると、プロジェクトリーダーになったり、その班で一番の年長者（経験者）になったり、管理職という立場になる女性も増えていきます。

どうせやるなら、楽しく、面白く。そのために一番大切なのはみんなから信頼してもらうことですが、私はそんなリーダー仕事のポイントは次の三つだと思っています。

シュンギク

春菊ではなく「**旬を聴く**」。諫早市にある「こどもの城」で使っている言葉です。リーダーが、メンバーや現場など今が旬の話題を積極的に聴こうとするという意味です。

昔、尊敬していた上司は、いつホウレンソウをもちかけても「なに？　どうした？」と笑顔で対応してくださいました。それがあまりに見事なので、ある時、理由を聞いたら、「自分はもしかしたら役には立たないかもしれないけれど、話を聴くことはできる。聴くことで誰かがラクになるのなら聴いてあげたい」と仰っていました。その上司にホウレンソウする時は、変に緊張する必要がないので、誰もが「あれも報告しておこう」「これも相談してみよう」となります。結果、その上司にはたくさんのホウレンソウが集まっていました。

リーダーの「旬を聴こう」という姿勢が、ホウレンソウを育てるのです。

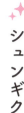

ザッソウ

「**ザッソウ＝雑談と相談**」については、本章の「雑談・相談のススメ」にも書いていますが、ザッソウがうまく回り出すと、職場は明るくなります。

雑談は、情報交換の場であり、コミュニケーションの機会です。リラックスした雰囲気の中から、思わぬアイデアや助け合いが生まれることがあります。

ホウレンソウ

ホウレンソウといえば、下から上へが一般的ですが、**逆のホウレンソウ**がもっとあってもいいはずです。

例えばメンバーに資料を作成してもらった時、それがどう使われてどう役立ったのかを報告をする。メンバーが入れてくれた連絡のおかげで、具体的に何がどう助かったのかを伝える。リーダーからメンバーに「どうしたらいいと思う?」と相談し、アイデアを募る。そうすることによりメンバーに参画感が生まれ、「もっと工夫してやってみよう」という意欲が高まり、リーダーへの信頼感もグッと増していきます。

memo

シュンギクの姿勢。ザッソウの機会。リーダーからのホウレンソウ

私で
よければ！

天命追求型リーダーもあり

リーダーになる自信

「昇任試験を受けてみて」「管理職になってほしい」とすすめられることもあるでしょう。その時、「私なんてリーダーの資格はない、適性がない、自信がない」と断るのか、それとも「私でよければ」と受けるのか。

女性は男性に比べて、自分の能力や成果を低く見積もる傾向があり、それがリーダーへの意欲にも影響があるといわれています。女性で「〇歳までに係長になりたい」「早く課長になりたい」という人はあまり見当たりません。

「リーダーになって」と頼まれたら、選択は三つ、**逃げるか、嫌々引き受けるか、私でよければ喜んで！と前向きにとらえるか**です。

「目標管理型」と「天命追求型」

人の生き方には二つのタイプがあります。一つは、夢や目標をもってそれを目指していく「目標管理型」の生き方です。「次はリーダーになる」とか「次はこんな仕事にチャレンジしたい」と決めて、それに向かって突き進んでいくやり方です。

それに対し、「天命追求型」は、自分に与えられた課題を一つひとつ乗り越えていくうちに、新しいステージに運ばれていくような生き方のことをいいます。

実は、多くの人は、「よっしゃ!リーダーになるぞ!」とは思っていません。「頼まれたから仕方なく」「尊敬する先輩に言われたから」「あの人が言うなら、頑張ってみようかな」そんな気持ちで始まるのではないでしょうか。リーダーになる力がない人は、リーダーになってとは頼まれません。**昇任するということは、「あなたならできるよ」と承認された**のです。

人事異動にはストーリーがある

私は、長く人事の仕事をしていたので、人事異動にはそれぞれのストーリーがあることを知っています。いろんな事情や理由があって、一般の職員一人ひとりにそれが知らされることはありませんが、基本的に人事異動は「あなたらしくやってみて」というメッセージです。それに応えて目の前のことに誠意をもち、取り組んでいたら成果が上がり、「次は、もう一つ上のこれをやってみて」と次の天命がやってきます。

「わたしにはこれといってやりたいことがない」「目指すものなんてない」というのなら無理に目標を見つけなくても大丈夫。**人事異動の内示を、神のお告げだと思って、「おぉ！ 次はそう来ましたか」と面白がって、とらえる**ことがコツです。

人は「できなかったこと」が「できること」に変わると自信がつきます。そのためには、慣れないこと、やったことがないことをやってみることです。

それでも、たまに「やっぱりリーダーって難しいな」「自分には力がないな」なんて落ち込む日もあります。そんな時は「リーダー不適格なら、飛ばすなりなんなり好きにどうぞ、それも天命！」と開き直って、自分を追い込みすぎないようにしましょう。

memo

チャンスは天命と前向きに受け止める

役割分担が
鍵！

目標ぴったり計画法

あいまいな役割分担

突然降ってきた業務や想定外の対応、それって誰がいつどうやってやるの？　それらが明確に決まらないまま結局、責任感の強い人が引き受けるはめになることがあります。その人の通常業務をシェアすれば問題ありませんが、現実はそういきません。

また、事務分掌表にはすべての業務が詳細に書かれているわけではないので、日々の事務処理の中でも、誰が担当か、はっきりと線が引けないものもあります。

リーダーとしてそもそも誰に振るかは、それぞれが担当している業務が今どんな状況なのかが明確になっていないと決められません。繁忙期か否か、他に重たい事案をもっているのか、場合によっては個人的な事情や体調まで考慮しなければいけません。

明確な役割分担とは

例えば、今年に限ってのイベントをすることになったら、いつまでに、どんなことを準備しなければならないのかを書き出します。おおまかに、次ページの表のような感じです。

最初にやるべきことを全部書き出して、時系列に並べ、できればみんなで対話しながら、通常業務との重なりがないか、それぞれの持ち味をどう活かすか等を考慮して担当を決めると、漏れがなくスムーズに進行できます。できればチェックボックス☑を表示しておくと、進捗管理も明確になります。

その上で、**そこに対話を入れることがコツ**です。多様な視点が活かされることになり、参画感が増します。そしてメンバーが少しずつ分担することで、担当者の負担が軽くなります。万が一対応できない職員が出ても、役割が見える化されているので、カバーできます。

時期	主な日程	項目	担当	備考
3か月前	会場予約	☑1　電話予約	○○	前日〜設営
		☑2　申請書提出	○○	
	講師手配	☑1　候補者選定準備	△△	
		□2　候補者選定協議	△△	
		□3　講師派遣依頼	△△	
2か月前	広報開始	□1　広報誌掲載依頼	○○	
		□2　HP掲載準備	○○	
		□3　ポスター発注	○○	
		□4　ポスター配付	○○	
		□5　来賓等への案内	○○	
1か月前	当日の流れ検討	□1　スケジュール検討	△△	
		□2　役割分担表作成	△△	
		□3　課内協議	△△	
		□4　シナリオ作成	△△	
1週間前	物品等準備	□1　出席者名簿作成	○○	
		□2　館内掲示物作成	○○	
		□3　印刷物準備	○○	□資料　□アンケート用紙
		□4　機材確保	○○	プロジェクター、スクリーン
前日	設営準備	□1　看板設置	○○	
		□2　設営	○○	
当日	※　当日の詳細なスケジュール・役割分担表は別途			
後日	終了後処理	□1　謝金支払い	○○	
		□2　お礼状送付	○○	
		□3　アンケート集約	○○	

決めることで逆に柔軟に

よく「事務局任せで、誰も手伝ってくれない」などの愚痴を聞くことがあります。しかし実は、**何をいつ誰がどのようにするかが明確になっていないことも多い**のです。

特に、メンバーが固定化されているような場面では、暗黙の役割分担があって、新参者は手を出しにくかったりもします。逆に「この部分のここを担当してください」と明確になっていると、新規の方も安心して参加できます。

memo

少しずつみんなで分担できるしくみをつくる

リーダーは
強くも弱くも
ない!?

受け入れられる「話し方」

リーダーは弱みを見せてはいけない？

リーダーが弱みを見せたら、部下が不安になる、部下に頼りないと思われる、そもそも弱みなんて見せるべきじゃないと思ってはいませんか。自分の弱みなんて、できれば隠しておきたい、見せるのが恥ずかしい、そんな気持ちもあるかもしれません。

私の弱みは、数字でモノを考えることが苦手なことです。管理職としては克服しなければならないことかもしれませんが、頭に入ってこないのでしょうがないのです。なので、異動したらまず自己紹介で「私は、数字のチェックや分析が苦手です。数字が得意な人は、積極的に助けてください」と伝えます。

そうすると、数字が強い人は遠慮なくフォローをしてくれるし、「こんな資料をつくってみました。このデータからこう言えると思います」というアドバイスをしてくれます。「上司にこんなこと言うのは失礼かな」という変な気を使わせずに済みます。

また、私は人前で話すのがあまり得意ではなく、特に挨拶等を急に振られるのが大の苦手です。ですから最初から「むちゃぶりに弱いから、挨拶がある時は前もって言ってください」と伝えます。結果、失敗して部下を責めることがなくなります。

実際、自分の弱みについてはっきりと伝える上司はあまり多くないです。でも、**上司から伝えることで、部下も自分の弱みを表明しやすくなります。**お互いの凹を凸で補い合うことができたら、チームは強くなるし、明るくなります。

感謝の気持ちは言葉で伝える

そのためには、感謝の気持ちを素直に伝えることが大事です。「おかげで助かった！　さすが！　ありがとう！　またお願いします」そう言われたら誰だって嬉しいし、たぶんその次も安心してチャレンジしてくれます。

とかく公務員の世界は「できて当たり前」と思われることが多く、通常業務ではあまり褒められることがありません。でも、当たり前は決して当然ではなく、「資料作成大変でしたね、お疲れ様」「前もって伝えてくれたので準備ができました。ありがとう」などと**感謝を伝えるポイントは山ほどあります。**特に、自分の弱みをカバーしてもらった時は、それを伝えやすいタイミングです。

弱みを活かす

誰にだって弱みはあるし、それによって失敗したことはあります。

私は昔、決算の時、チェックを見逃したばかりに、財政課や会計課に多大な迷惑をかけたことがあります。少し恥ずかしいけれど、こうした体験談を交え、チェックを怠るとどうなるのか、わかりやすく伝えています。それは同時に「誰でも失敗はする。でも、失敗をどうカバーするかが大事」と伝えることにもなり、安心感も与えられます。

自分の弱みをコンプレックスとしてマイナスにとらえるのではなく、人の強みを活かしてもらえる出番ととらえると、自分のマイナスをプラスに転換できます。

memo

リーダーの弱みがメンバーの強みを活かす

「聴く」が効く

相手が話したくなる「聴き方」

話したくなくなる聴き方

「この人、聴く態度がなってないな」と思う人、いますよね。話しかけられてもパソコンを向いたままの人、話を遮ったり自分の話を被せてくる人、つまらないと顔に出す人……そんな人が上司だと、ホウレンソウもしづらくなります。

でも、そんなあからさまな態度でなくても、もしかしたらあなたも悪い「聴き方」をしているかもしれません。

聴くことはゆるすこと

「聴」という字を「聴す」と書くと「ゆるす」と読みます。つまり、話を聴くということとは、相手を許す、認めるということです。**「あなたの話なんか聴かない」というのは「あなたを許さない」ということ**なのです。

娘が中学生の頃、あまり家で話をしなくなりました。中学生なんてそんなものかなとあきらめていました。しかしたまたま「傾聴」のワークショップに参加し、帰ってそれを真似てみると、娘がしゃべるしゃべる！　びっくりしました。娘が話さなくなったのは、反抗期だからではなく、娘を認める聴き方ができていない私のせいでした。

まずは受け止める

傾聴を学ぶ機会では、よく1対1で、相手の話をわざと聴かない、聴いてもらえない体験をします。聴く方は、頷き・笑顔禁止で、石になったように相手の話を聴かないふりをします。すると、話している方はとても話しづらく、だんだん話す気もなくなり、さびしい気持ちになってきます。場の雰囲気も暗くなります。

そして次の段階では、頷きも笑顔もＯＫとなります。「うんうん」「なるほど」「わかる」が許されると、話す方も聴く方も気持ちが楽になり話が弾み、場の雰囲気が明るくなります。

相手に関心を寄せる

そして最後の段階では、聴く人が話す人に「それってどういうこと？」「例えば？」「具体的には？」などと質問をします。答えが一つしかないクローズドの質問ではなく、自由に答えられるオープンな質問です。それによって話が広がったり、新たな発見があったりします。そして、なにより自分に関心が寄せられたことで認められた気がして、また話そうと思ってもらえます。

「耳」だけではなく、「目」と「心」を加えて「聴」と書きます。部下が話をもちかけてきたら、**相手を許す気持ちで、頷きながら心を込めて聴く。**そうすれば、部下も安心して話せます。そして、相手に関心を寄せて、自ら気づいてもらえるような質問をする。相手が話し終えて、質問してくるまで、自分からは話さないことも大切です。

「聴く」はコミュニケーションにおいて一番の効き目があります。

memo

話を聴くときは、耳と目と心で

「書く」で
対話する！

心を動かされる「書き方」

伝わる文章

「話すのはいいけど、書くのは苦手で」という人は案外います。答弁書、挨拶文、評価書等とにかく書く機会が多い役所では、書くことが苦手だとつらいでしょう。

かくいう私も昨年「伝わる文章講座」（主催・株式会社ひとまち）を受講し、結構イケてない文章を書いていたと自覚しました。指摘された私の良くないクセは、一つの文章が長い、余計な説明が多い、伝えたいことが多く山場が見つけにくいなどです。

伝わる文章とは、①読み手を意識している→ゴール（誰に向けて、何のために書くのか）が明確、②伝えたい事実・関係性・感情で構成されている。あるいは、意識的に隠している→エピソードを表現できる、③文章が読みやすい→「不正解な文章ではない」の三つです。**まずは自分に、そして読み手にちゃんと伝わるかを意識して、書く機会を増やすことが上達のコツ**です。

自分との対話

また、自分との対話という意味で書くことは大事です。私はもっぱらフェイスブックですが、その時々に自分が感じたこと、思ったことを日記のように書き留めておくことがオススメです。頭の中や心の中にあるものを文章にして出力することで、自分の思いや感情を整理できます。他の人のうまい文章を見るのも参考になりますし、人から見られることを意識した文章を書き続けることが上達につながります。

またフェイスブックでは「過去のこの日」が出てくるので、「あれがきっかけだったんだ」とか「あの時はよくやったな、私」などと思い出すことができます。公開しているものなので、詳しい事情やネガティブな感情は書いていませんが、自分が書いたものを見れば、背後にあった出来事や感情もよみがえります。記憶だけだと残りにくいので、書き留めておくことで、**過去の自分と対話**しやすくなります。

読み手との対話

リーダーは、「思いを伝える手段」として書くことが大事です。挨拶文や答弁書でも「こういう課題がある」「今後こうしたい」と書くことで、部下や市民の方に明確に伝えられます。

また、上からのホウレンソウを正確に伝えるために、書くという作業が必要です。うちの課では毎週1回課内ミーティングをしていますが、全員参加ではないので、経過や事情、ポイントが正確に伝わるように、私が毎回報告書を作成し、全員にシェアしています。

自主的な活動においても、毎週1回、メンバーにメールを出しています。他愛もない話題の提供ですが、そこから新たな展開が生まれることもあります。

memo

「書く」は自分との対話、読み手との対話

あなたが
雰囲気を
決める

必勝のファシリテート術

気が弱いリーダーはうまくいく

「私にはリーダーシップなんてないし、そもそもリーダーの器ではない。人に対して指示命令をするのは苦手だしムリ」そう思う人は少なくありません。特に女性だと、身近にそんな存在が少なく、理想のリーダー像を想像しにくいということもあります。

変化の激しい答えのない時代に役所で働く私たちは、限られた予算と人員と時間を、いかに、どういう優先順位で投入し成果を上げていくか、対話を重ね選択し、説明しなければなりません。リーダーといえども、正解をもっているわけではありません。

そんな場面では、自信満々で人をグイグイ引っ張っていく強力なリーダーより、「一緒に考え、よりよい成果を導こう」タイプの協力なリーダーが求められます。**周囲に**

気を使い、メンバーの動向を気にする気弱で自信がないリーダーだからこそうまくいくこともあるのです。

リーダーの仕事は「○○しやすくする」こと

リーダーの仕事は、メンバーが働きやすくすることです。具体的には、メンバーが意見を出しやすく、議論しやすく、自立的に考えやすく、選択しやすく、協力しやすく、動きやすく、休みやすくすることです。

そのために、リーダーはファシリテーションの技術を身につけなければなりません。頭ごなしに「どうすればよくなるのか？」と聞いても誰も答えてくれません。まずは日頃から、話しやすい、話しかけやすい雰囲気をつくっておくことがその第一歩です。

その上で、「何か困っていることはない？」「今、何が課題だと思う？」と問いかけ、出てきた意見は丁寧に受け止めること、できればそれを「見える化」しながら「どうしたらいい？」「どこから手をつけたらいい？」と一緒に考えていくことです。

その時リーダーはなるべく自分の意見を言わず、「○○さんだったらどうするのが一番いいと思う？」と質問することがポイントです。それによってメンバーの参画感、納得感が高まり、決まったことを実行に移してくれます。

リーダーがファシリテーター役である組織は、メンバーの意見を聴くので、リーダーへの信頼が高まり、コミュニケーションもチームワークも良くなります。そうして、いざという時、メンバーが指示に従って動けるようになり、**トップダウンの質も上がります。**

ファシリテート術の習得方法

自治体によって、職員研修等で積極的にファシリテーションの技法や体験を取り入れているところもありますが、そうでないところもあります。関連する書籍等もたくさん発刊されています。『リーダーのための！ファシリテーションスキル』（谷益美、すばる舎）はオススメです。ファシリテーションは実際やってみて、失敗や成功を体験してみるのが一番ですので、勉強会などの機会を見つけて参加してみてください。

memo

リーダーの仕事はチームのメンバーが「○○しやすくする」こと

みんなが
どんどん
前向きに！

雑談・相談のススメ

「ホウレンソウ」から「ザッソウ」へ

「ホウレンソウ（報告・連絡・相談）ができていない」とよく言われますが、ホウレンソウを上げにくい上司っていますよね。もちろん仕事をする上で、ホウレンソウは大事なことですが、伝える内容の選択や伝え方、伝えるタイミングが難しいこともあります。

課長になってからはできるだけ、「いつでもホウレンソウしてきていいよ」という雰囲気を醸し出すよう努めています。それでも人間なので不機嫌な時もあり、部下からすると「今はやめておこうかな」と思ってしまう場面も少なからずあるようです。

実際気が小さい私は、一般職の頃そんなふうに感じていました。

そこで、職場内で雑談をしながら自然と報告や相談ができ、ホウレンソウしやすいしくみをつくりたい、そう思い、**課内ミーティングに「ザッソウ」（雑談・相談）を取り入れました。**

公式な雑談の機会

現在、障害福祉課は職員が11人います。管理職以外の机の配置が二つの島に分かれていて、窓口業務があり、全員が自席に座ったままでは話せません。

そこで、課長、課長補佐、主任の3人は固定とし、二つの島から1人ずつ一般職の職員に参加してもらって、5人のミーティングを始めました。毎週1回原則30分間のミーティングは、1週間のスケジュール確認から始まります。二つの島（管理職の島も含めると三つ）それぞれの事情（この日は会議でいない人が多い、ここから現況届が始まるので窓口が混むなど）を確認します。

それが終わると、「ちょっと気になること、みんなに話しておきたいこと、取り組むべき課題」などについてフリートークの時間です。私は、メンバーが話してくれることをホワイトボードに書き込みます。

なにげない雑談に宝あり

例えば、「毎年混雑する福祉医療の現況届をなんとか改善したい」という話題が出たことがありました。それに対して「例えば、受付札を取る前にコンシェルジュみたいな人が書類を書いてもらったり、持参品を確認してから受付札を渡すようにしたらどうかな～」「管理職がその役をするっていうのはどう？」「え～！　いいんですか」「いいさ～、混むのは最初の何日かでしょう、私接客には自信あるよ」などと楽しく対話をしながら体制を考え、実際に記載漏れの書類を書くスペースや、書類をまとめるファイルを準備したところ、例年よりもかなりスムーズに対応ができました。

ホウレンソウだけでは、「課長や課長補佐も手伝ってください」という提案は出てこなかったと思いますし、福祉医療の担当以外の職員が混雑の解消策を考えることはなかったと思います。ザッソウってつくづく大事だな～と思えた出来事でした。

memo

ザッソウが育てば、ホウレンソウの収穫もラクになる

意外なほど
すべて
回り出す！

ホワイトボードで会議リメイク

ホワイトボード・ミーティング®とは

皆さんの職場で、会議はうまくいっていますか？　終わりの見えない会議、何がどう決まったのかわからない会議、一部の人しか発言しない会議、いろいろありますよね。そんな会議の進行役も、発言させられるのもイヤですね。

ホワイトボード・ミーティング®とは、ホワイトボードに意見やアイデアを集め、参加者の力が活かされる効率的、効果的な会議のすすめ方です。気軽な打ち合わせから困難な課題解決まで、みんなで役割分担しながらゴールに向かうので、メンバーやチームがエンパワーされて元気になります。２００３年に株式会社ひとまち(https://wbmf.info/)代表のちょんせいこさんが開発され、教育、まちづくり、福祉、医療など多様な領域で導入されています。

会議が苦手だった

私は、会議で自分の意見を主張するのが得意ではなく、あまり発言することができません。特に、ロの字形に机が配置され、皆が下を向いて、声の大きい人が発言する、そんな会議が苦手です。「なんとかならないものかな～」と思っていた時、ホワイトボード・ミーティング®に出会いました。当時取り組んでいた窓口業務の改善活動で、その会議の仕方を活用したところ、意見が見える化されてスムーズに合意形成ができ、とても心地よくプロジェクトをすすめることができました。そこで私も正式に認定講師資格を取得しました。

まずは書いてみる

手話言語条例の具体的な推進を図る仕事でも、ホワイトボード・ミーティング®のワザを活かし、多くの市民に手話を理解してもらうにはどうすればいいのか、聴覚障害者だけでなく手話ボランティアの方、教育や保育、保健、人権の担当者と一緒に対話しながら考え、事業をすすめました。聴覚障害者と対話をする時はもちろん手話通訳をつけますが、参加者それぞれの意見を受け止め見える化することで、お互いの理解が深まり信頼を得、多様な意見を反映し事業をスムーズに展開できました。

課のミーティングでも活用

うちの課は毎週1回、課のミーティングを行っています。そこでは **「気になっていること」「情報共有したいこと」「解決したい課題」** 等について私がファシリテーターとなり、**「というと?」「どんな感じ?」「もう少し詳しく教えて」** と聞きながら、ホワイトボードに書いていきます。30分の会議ですが、雑談の中から課題が浮き彫りになり、誰が、いつ、どんな方法で着手するのか明確になっていきます。できればこれを市役所中に広げたいと思っているところです。

memo

意見の見える化で合意形成

緊張しいな
あなたへ！

絶対落ち着ける三つのコツ

半端ない緊張しい

「私は全然緊張しない」なんて人はあまりいません。頭が真っ白になったり、噛んだり、顔が赤くなったり……。人知れず悩んでいる人も多いでしょう。

私は小学生の頃、通知表に「よほどの事がないと口をきかれません」と書かれるほどの小心者でした。が、全校生徒の前で作文を読むことになってしまい、涙を流してその場にへたり込んだことがあります。結果、私の作文は、元気なクラスメートが読み上げてくれましたが、それ以来、ますます人前で話せなくなりました。

就職してからしばらくは、人前で話さなければならない場面もありませんでしたが、三つ目の部署が職員課で、しかも研修を担当することになり、いよいよ逃げられなくなりました。研修担当は、研修開始時に研修の目的や講師の紹介、注意事項を伝え、研修終了時にはちょっとした講評とともに講師に対するお礼のコメントをしなければなりません。前日は必ずそのシナリオを持って帰り、何度もそのセリフを練習して、当日は、できるだけ「普通に」話していましたが、内心はドキドキしていました。

話し方講座

私の場合、緊張する理由は、上手に話せないくせに原稿を見ながら話すことには抵抗があり、覚えて臨むものの途中で思い出せなくなるのが怖いからです。そして、それをカバーするための準備が欠かせず、現場での臨機応変力がないのもコンプレックスでした。

それを克服するためにプロのアナウンサーが講師を務める話し方講座に通い、「私たちプロは、一つの原稿を何度も練習します。**伝えたいことを確実に伝えるために、原稿を見ることは決して恥ずかしいことではありません**」という言葉に安心しました。それからはためらわず、愚直に準備をし、何度も練習をして臨むことにしました。そうすると気持ちが落ち着いて緊張度はかなり減りました。

準備する、自分の言葉で話す、女優スイッチを押す

課長職ともなれば、いろいろな会合であいさつを頼まれます。緊張を減らすには、準備が一番、原稿があると落ち着きます。「忘れたらいつでも見ることができる」という安心感を担保すること。そして何より効果的なのが、自分の言葉で話すということだと思います。自分の経験と思いに基づいた自分らしい言葉で、最後は、**その場の雰囲気に合わせて、女優スイッチを押して、頷いてくれる人に話しかけるように話す**こと、そうすることにより落ち着いて話せるようになります。

memo

まずは、できるふりから

昇進する
しない？

昇進オススメ準備術

ショウシン

昇進って不安ですよね。自分にできるか心配だし、重い責任を引き受ける自信もない、管理職を見ていたら大変そうなど、やる前から腰がひけてしまうイメージです。諫早市は昇任試験制度がないので、昇進するかどうかを自分で決められません。係長（諫早市では主任）になる時はそうでもありませんでしたが、課長になることは、漠然と恐ろしいことが待ち受けているイメージでした。小心者の私は、昇進しそうだと不安になり、昇進しなくても焦心に駆られたり、傷心の時を過ごしたりしました。

生涯学習課長になった時、公民館講座を見てみると、高齢の女性向りの手芸や料理などの講座が多く、講座の時間帯も働く人が参加できない設定となっていました。公民館に事情を聞いてみると、夜や休日の講座を企画しても働く世代の参加が少ないからということでしたが、講座の内容は趣味的なもので、働く人がわざわざ行きたいと思えるようなものではありませんでした。

女性の管理職を増やす意味

そこで、仕事や地域活動に活用できるスキル(コーチング、ファシリテーション術、コミュニケーション、書類整理術、アンガーマネージメントなど)を取り入れてもらうようにしたら、「初めて公民館に来た」という働く世代の方々が多く参加してくださいました。当時は、すべての公民館長が男性で、講座を企画する職員も男性が多かったので、女性の気持ちに寄り添えていなかったのだと思います。女性の生涯学習課長は私が初めてで、女性が管理職になる意味を実感しました。

課長になる準備

私は、課長職になるための心の準備として、いろんな本を読みました。

『そうか、君は課長になったのか。』(佐々木常夫)、『はじめての課長の教科書』

（酒井穣）、『リーダー絵ことば』（岩田松雄）、『プレイングマネージャーの教科書』（田島弓子）、『ＬＥＡＮ　ＩＮ（リーン・イン）女性、仕事、リーダーへの意欲』（シェリル・サンドバーグ）

それらの中から、課長として大切な仕事は、部下のモチベーションを管理すること、異なる価値観をもつ世代間の通訳になること、部下を守り安心させること、現場を観測し次を予測すること、部下をコーチングし答えを引き出すこと、などを学びました。そこからコーチングの必要性を感じ、認定講師の資格も取得しました。

課長になったらどんなことが待ち受けているのか、どう振る舞えばいいのか、それがわからないと不安で落ち着きません。前もって勉強しておけば、慌てなくて済みます。できれば、経験者に話を聴くと安心できます。女性に限らず男性の管理職に聴いてみてもいいでしょう。**安心材料をたくさん集め、その日に備えてみてください。**

memo

何のために昇進するのかを考える

楽しさ
おすそわけ

マネージャーのエッセンス

管理職は損？

自分はマネージャーよりプレイヤーが好き！　管理職になったら現場で仕事ができない、残業代もない、責任は重い、いいことなんてないと思っている方も多いでしょう。

確かに、自分がやった方が早いのに！と我慢しなければならないこともあり、部下の失敗の責任をとらなければならない時もあります。

だったら、管理職になるのは損？ということになりますが、やってみるとこれが意外とそうでもないのです。

私は、平成28年4月に課長に昇任しました。出世したというより、「この部署は君に任せるよ」と承認されたような気がして素直に嬉しい気持ちがしました。

課長になってみてわかったこと

課長補佐だった頃の課長は、メンバーに方向を示し、仕事を任せ、次々に起こる課題を確実に解決しておられ、「はぁ〜私に課長は務まらんかもね〜」と思っていました。

しかし「役職が人をつくる」とはよく言ったもので、自分が課長だと思うと覚悟がきまり、それらしく振る舞えるようになりました。入ってくる情報が増え、判断もしやすくなるし、外部とのかかわり方も変わってくるので話をすすめやすくなり、「役職が上がると見える景色が変わる」とはこういうことかと思いました。

そしてなにより面白かったのが、**自分がやりたいと思って、「やろうよ！」と言うとメンバーが動いてくれて、実現できるということ**でした。昔、上司が「課長時代が一番面白いよ」と言っておられましたが、なるほどこういうことかと思いました。

思いをカタチに

また以前から、自分のチームをつくれたらやりたかったことを実行に移しました。

それは、メンバーと面談をして、それぞれの健康状態や家族の状況、仕事への思いや、何を大切に思っているかということを直接、聴くこと。

それと、私自身が自らのことについて、「私は、こういう仕事をしてきて、こんなことを考えていて、こういうことが得意で、こんなことは苦手だから協力して」とメンバーに伝えること。

そして、週に1回はミーティングで、例えば「来週のこの日は休みますので、よろしく」とか「今月はこのイベントの準備で忙しいので、手伝ってください」とか「今月末には議会対応があるので、協議したいことがあったら、この日までに相談してください」といった情報をお互いに共有すること。

それらにより、随分職場の風通しやチームワークは良くなり、時間外勤務は減って、自分のスケジュール管理もしやすくなりました。

今、私は、女性の後輩たちに**「課長ってそんなに悪くないよ」**と機会あるごとに伝えています。決して強がりではなく、私の素直な感想です。

memo

管理職になると、思いをカタチにしやすくなる

チャレンジ応援！

自分の強みの活かし方

管理職のイメージとギャップ

「管理職」という仕事に対して、わざと部下を叱ったり、試したり、突き放したり、みたいな負のイメージをもっていて、自分とはギャップがあり、向いていないと感じる人もいるかもしれません。確かに、ニコニコしながら、職場を楽しそうに回す管理職って多くはありません。

でも、職場は明るい方が楽しいし、メンバー同士のコミュニケーションがとれているといい発想や助け合いが生まれやすく、精神的負担も軽くなります。私は、**管理職がもっと明るく楽しくしていたら、病気になる人も減ると思っています。**そういう意味でも職場の雰囲気を柔らかくしてくれる女性管理職が増えることを願っています。

女性へのエール

自分の強みを活かしながらイキイキと仕事をしている女性管理職のモデルはまだまだ多くありません。もっと多様なモデルがいたら、若い人も目指すイメージがわきやすいと思います。凸凹があっていいと思います。**「これは苦手だけどこれは得意」とあっけらかんと言える女性管理職が増えたらいいな**と思います。

これから先は、女性職員の数が多くなりますし、育児や介護をする男性職員も増えるので、時間的な制約がある職員は多くなっていきます。そんな中で、男女が共に生涯、楽しく働けるしくみをつくるため、ぜひ、女性の知恵や多様性を活かしてほしいです。

自分がどんな姿でいるかを決める

私は、よく「美詠さんは元気ですね」と言われることが多いのですが、それは「元気でいる」と決めているからです。カラ元気も元気のうち。少々体調が悪くても役所の玄関を入る時に、元気のスイッチを入れています。

そしてできるだけニコニコしておき、感情を一定に保ちながら、「いつでも話しかけていいよ、相談にのるよ、私にできることがあったら言って」という雰囲気を醸し出そうと努力しています。どうしてかというと、自分が部下の時に、上司がそういう人だったら、安心して仕事ができ、仕事が楽しいと感じられたからです。

感情は伝染します。もしかしたら、私の笑顔につられたメンバーが、窓口でお客様に優しく接し、そのお客様が安心して手続きを終え、家族に笑顔をもって帰る、大袈裟かもしれませんが、そんなことってあると思うのです。

ありたい姿を決め、それを目指して努力を重ねたら、きっとなれます。

内気でシャイで人見知りの私が、それなりにできていますから、大丈夫！　誰でもできます。

memo

ありたい姿を決めて、そうなるための努力をする

Column 4

現場公務員女子インタビュー！

『女性の強み、自分の強みを活かして』

さいたま市都市戦略本部行政改革推進部副参事　柳田　香さん

さいたま市役所の柳田さんは、若い人が主体となって輝けるようにとネットワークを広げ、県の研修センターで女性のための研修に携わるなど活躍中。インタビューでは、特に管理職の立場から彼女の想いを聞いてみる。

公務員女子に伝えたいことは？

「仕事は一人ではできない」ということ。周囲を巻き込んで、協力を得て初めて、成し遂げられるものです。巻き込み方は、絶対に男性より女性のほうが上手にできるという実感もあります。これを女性の強みとして伸ばせば、何でもできる気がしています。

また、ある程度鈍感でいることも大事なことです。敏感過ぎると、疑心暗鬼になって疲れてしまう。誰に何と言われようが、自分は自分と割り切ることも大切です。正直、不安はあるけれど、どうにかなるさって思って頑張っています！

今、感じていることは？

現実はやっぱり「男社会」、こう思ってしまう私自身も意識が低いんだよなあ、と感じる時があります。男性女性を問わず、男女平等参画社会の在り方や意識改革がまだまだ不十分ですよね。

それから、「ネットワークを広げる」というのが、今の時代とても重要なことだとも感じています。ただ、IT時代ではあるけれど、「ひと」とのつながりが最も大切です。人脈を広げることで、情報が収集できるし、新たな気づきが得られる。井の中の蛙では発展せず、視野も広がりません。

全国に同じ立場の女性管理職の存在があったことでここまでやってこられたと思っています。お互い情報を共有し、悩みを分かち合い、励まし合えたからこその結果だと感じます。これからも研修や親睦の場を継続して、ネットワークを広げたいですね。

柳田さんのネットワーク力は、この本を書きすすめる大きな力になった。この本の要所にちりばめられている、彼女が集めてくれた全国の女性管理職の思いが、読者の心に届くことを願っている。

＃美詠さんの本棚

女性の視点で見直す人材育成

中原　淳／ダイヤモンド社

女性を変えようとするのではなく、女性達が働いている職場を変える。出産・育児・介護・ハンディキャップ、病気などを抱え働く人が増え、多様性が高まる「未来の職場」に向け、女性の視点で見直す働き方改革、人材育成の本です。

「アンコンシャス・バイアス」マネジメント

守屋智敬／かんき出版

「違い」とは「間違い（Wrong）」ではなく、「異なる（Different）」である。日常、職場にあふれている無意識の偏見、思い込み、ものの見方…思い当たる節がありすぎて、めちゃめちゃ反省！まずは気づくこと、意識をすることから。

あきらめない　働くあなたに送る真実のメッセージ

村木厚子／日経BP社〈本書p77で紹介〉

“普通の人”のロールモデルになりたい。平凡な自分だからこそ、なれるはず。あのような状況に置かれても決してあきらめなかった村木さん。コツコツと自分にできることを積み上げながら、働くことを続けてこられた姿勢が素敵です。

人は、誰もが「多重人格」　誰も語らなかった「才能開花の技法」

田坂広志／光文社〈本書p54で紹介〉

人格は“変える”のではなく“育てる”。長い間、コンプレックスに感じていた自分の八方美人的振る舞いが、置かれた状況や場面にあわせ、意識的に人格の切り替えをしていたからと知って安心しました。

アンガーマネジメント　管理職の教科書

川嵜昌子／総合科学出版

上と下に挟まれるリーダー・マネージャーは怒りと上手に付き合うことで仕事がうまくいく！立場や価値観の違いから生まれる怒りは様々。アンガーマネジメントを意識することで、気持ちがとてもラクになります。

おわりに

「公務員女子の生き方、仕事の仕方に関する本を書いてください」

ある日、突然、学陽書房の松倉さんという若い女性に頼まれました。私は、本を読むことも、文章を書くことも好きですが、自分が本を書くなんて、考えたこともありません。しかも、生き方や仕事術なんて、人に伝えられるほどのワザや実績があるわけでもなく、「あんな人になりたい」と思われるほどの美貌も人望もありません。さすがにこの頼まれごとはお断りしようと思い、「私は、まだまだ数少ない女性の管理職ではありますが、特に出世が早いわけでもなく、仕事や地域活動で大きな実績を上げたわけでもありません。そんな私に公務員女子を勇気づけるような本を書ける自信がありません」とお伝えすると、「そんな普通の公務員女子について書かれた本がないのです。大活躍をしているスゴい人が書いた本を読んでも、それはスゴい人だからできることであって、私には無理、となってしまいます。ちょっと頑張ればできる、こう考えれば前にすすめる、そんな普通の人に勇気を与える本を書いてほしいのです」と言われ、「なるほど！　そんな本があったらいいですね！　私でお役に立てるのなら喜んで」とすっかり書く気満々になっていました。

それから、同じ役所の女性職員や、オフサイトミーティングで知り合った全国の仲間にインタビューをしたり、メールでやりとりをしたりして、「こんなことを書いてほしい、こんな本だったら読みたい」というアドバイスをいただきました。中には、切ない経験を書き綴って送ってくださった方、自分が苦労したことで今に活かしているノウハウを惜しげもなく教えてくださる方もいました。それらの貴重なご意見をもとに、目次を組み立て、私自身の体験談や思いを交えながら、一生懸命に書きました。

これからは、女性管理職も珍しくなくなります。あと数年もすれば、私たちの苦い経験は、「昔、そんなことがあったの！」と驚かれるほど、女性も男性も働きやすい職場環境が整えられていくと思います。それまでの過渡期において、働く公務員女子にお役に立てたらと思ってこの本を書きました。少しでも参考になったら嬉しいです。

この本を書くきっかけとなる記事を掲載してくれた株式会社ホルグの加藤年紀さん、初めて本を書く私をフォローしてくださった松倉さん、諫早市役所や九州オフサイトミーティング、全国の仲間の皆さん、本当にありがとうございました。

最後に、私がここまで働いてこられたのは家族のおかげです。感謝です。

村川美詠

著者紹介

村川　美詠（むらかわ・みえ）

諫早市役所健康福祉部障害福祉課長　1963年生まれ。1986年に諫早市役所入庁。選挙管理委員会事務局、障害福祉室、職員課、男女共同参画課課長補佐、教育総務課課長補佐、職員課課長補佐、生涯学習課長を経て現職。
諫早市職員の自主活動グループ「おこしの会」で、対話・学び・交流の場づくりを、市内の異業種の女性からなる「諫早市もりあげガールズ」で地域おこしの活動を行っている。

自分もまわりもうまくいく！

公務員女子のおしごと帳

2019年10月16日　初版発行
2019年11月14日　2刷発行

著　者　村川《むらかわ》　美詠《みえ》
発行者　佐久間重嘉
発行所　学 陽 書 房
〒102-0072　東京都千代田区飯田橋1-9-3
営業部／電話　03-3261-1111　FAX　03-5211-3300
編集部／電話　03-3261-1112　FAX　03-5211-3301
http://www.gakuyo.co.jp/
振替　00170-4-84240

ブックデザイン／スタジオダンク
DTP 制作・印刷／精文堂印刷
製本／東京美術紙工

ISBN 978-4-313-15108-6 C0034

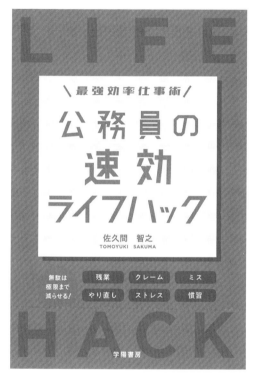